LES AMOURS

DU

TEMPS PASSÉ

MICHEL LÉVY FRÈRES, ÉDITEURS

OUVRAGES

DE

CHARLES MONSELET

Format grand in-18

LES AMOURS DU TEMPS PASSÉ.	1 vol.
LES ANNÉES DE GAIETÉ (*sous presse*).	1 —
L'ARGENT MAUDIT (2ᵉ *édition*).	1 —
LES FEMMES QUI FONT DES SCÈNES.	1 —
LA FIN DE L'ORGIE.	1 —
LA FRANC-MAÇONNERIE DES FEMMES.	1 —
FRANÇOIS SOLEIL.	1 —
M. DE CUPIDON.	1 —
M. LE DUC S'AMUSE.	1 —
LES MYSTÈRES DU BOULEVARD DES INVALIDES.	1 —
LES ORIGINAUX DU SIÈCLE DERNIER.	1 —
LES SOULIERS DE STERNE.	1 —

D. Thiéry et Cie. — Imprimerie de Lagny.

LES AMOURS

DU

TEMPS PASSÉ

PAR

CHARLES MONSELET

PARIS
MICHEL LÉVY FRÈRES, ÉDITEURS
RUE AUBER, 3, PLACE DE L'OPÉRA
—
LIBRAIRIE NOUVELLE
BOULEVARD DES ITALIENS, 15, AU COIN DE LA RUE DE GRAMMONT
—
1875
Droits de reproduction et de traduction réservés

LES AMOURS

DU

TEMPS PASSÉ

LE POULET

I

LA TOILETTE

L'Aurore gantée de rose avait depuis longtemps ouvert les portes de l'Orient, — mais elle n'avait point réussi à percer le double rempart de rideaux qui ceignait l'alcôve de M. le chevalier de Pimprenelle. M. le chevalier avait passé la nuit au pharaon, et il avait perdu sur parole ; ce qui fait que, vers la pointe de midi, le dépit et la fatigue aidant, il ronflait encore de façon à faire rougir le vieux Tithon lui-même, —

si le vieux Tithon et M. le chevalier n'eussent eu déjà toute honte bue.

A deux heures de l'après-dîner cependant, M. de Pimprenelle fit un mouvement et étendit le bras hors de la couverture. Il agita une petite sonnette placée auprès de lui, et dont la voix vibrante alla rappeler dans l'antichambre aux devoirs de sa charge un grand laquais qui lutinait une camériste.

La porte s'ouvrit aussitôt.

— Monsieur le chevalier a sonné? demanda le laquais en se présentant respectueusement.

— Sans doute, La Brie, sans doute.

— Monsieur le chevalier désire quelque chose?

— Peut-être, La Brie, peut-être.

— Monsieur le chevalier n'a qu'à parler.

M. de Pimprenelle bâilla à diverses reprises et finit par se retourner péniblement.

— D'abord, drôle, — dit-il en se mettant sur son séant, — j'ai à vous fustiger d'importance. Depuis un mois que vous êtes à mon service, je vous ai toujours vêtu du plus beau drap de Lodève et galonné de soie nonpareille ; je vous donne le plumet et le point d'Espagne ; enfin j'ai pour vous toutes les indulgences imaginables, — et vous vous comportez, vertubleu! comme un grison de dévote ou un laqueton de bourgeois!

La Brie ouvrit de grands yeux et parut ne pas comprendre.

— Ça, — poursuivit le chevalier en lui donnant sa jambe à chausser, — que signifie la façon dont vous m'aviez accommodé hier? De quelle sorte étais-je accoutré? D'où sortaient mes manchettes? de quel goût était mon ruban? Savez-vous bien que j'avais quasi la prestance d'un écornifleur ou d'un clerc aux gabelles, et que mon ami le vicomte d'Ambelot m'en a ri au visage pendant une heure de soleil? — Vertuchoux! prenez-y garde, mons La Brie; vous êtes un faquin à trente-six carats, et, à la première incartade nouvelle, je vous chasse!

Rouge de confusion, La Brie tenta de balbutier quelques paroles d'excuses.

— Je puis attester à monsieur le chevalier que c'est M. d'Ambelot qui se trompe... Votre ruban était du meilleur air et vos malines sortaient de chez Persac.

— Vous êtes un sot en trois lettres. Je vous dis que l'on se moque partout de mes étoffes : dans la rue, on me défigure comme un sauvage de la foire, et à l'Opéra mes senteurs ne portent à la tête de personne. Je suis outré!

— Monsieur le chevalier m'a tant de fois répété qu'il ne voulait point passer pour un petit-maître... que je croyais... je supposais...

M. de Pimprenelle sauta à bas du lit.

— Cordieu ! dit-il, me pensez-vous assez belître, par hasard, pour aller m'occuper moi-même de ces colifichures? Non, par la sambleu ! je ne prétends point être un petit-maître, mais je ne veux pas non plus faire sauver les gens jusqu'au fond de la Cochinchine. Un petit-maître, moi !... qu'est-ce que cela?

— Monsieur le chevalier a parlé ? dit La Brie, essoufflé, en lui passant sa robe de chambre.

— Je te demande, triple butor, ce que c'est qu'un petit-maître ? Voilà plus de quinze jours qu'on m'éclabousse les oreilles de ce mot.

— Monsieur le chevalier veut rire ?

— C'est possible, monsieur La Brie.

— Un petit-maître — dame ! — c'est un joli petit homme.

— Un joli petit homme... En es-tu bien sûr?

— Je ne me permettrais pas de mentir à monsieur le chevalier.

— Et qu'est-ce qu'un joli petit homme?

— Oh! oh! c'est... Je ne sais pas.

— Comment ! maroufle !...

Le valet de chambre se hâta d'ajouter :

— Mais pour peu que monsieur le chevalier tienne à le savoir, j'ai quelque part un livre...

— Un livre?

— Que votre intendant m'a prêté pour y copier des bouquets à Chloé.

— Vraiment ! Et que dit ce livre ?

La Brie, enchanté de trouver une occasion de rentrer en grâce, fouilla dans ses poches — et en ôta un petit volume relié qu'il tendit à son maître.

— Pouah ! s'écria le chevalier, tire vite, cela sent le vieux parchemin.

— Monsieur le chevalier ne veut donc plus savoir ?

— Si, morbleu ! mais lis toi-même.

La Brie commença :

Un joli petit homme est celui qui se pique
De chanter le premier les airs de du Bousset,

— Du Bousset ?... chercha le chevalier, c'est sans doute comme qui dirait Colasse ou Campra... Les airs de du Bousset... Tra la, tra la, la.

— Qui n'a point d'or dans son gousset,
Mais des points, des rubans, autant qu'une boutique;
Bien peigné, bien chaussé, qui fait pas de ballets.

— Qui fait pas de ballets... Tiens, regarde cet entrechat, La Brie.... une, deux.... C'est la chaconne. — Est-ce tout ? fit-il en s'asseyant sur une duchesse et croisant les jambes.

—Toujours parle à l'oreille et vous dit qu'il vous aime ;
   Qui vous fait lire des poulets
   Qu'il s'écrit souvent à lui-même ;
Qui sait.....

— Arrête ! arrête ! s'écria le chevalier de Pimprenelle... *Qui vous fait lire des poulets qu'il s'écrit souvent à lui-même....* Voilà une pensée très-ingénieuse, et ce poëte doit être un garçon d'esprit, ou je me trompe fort... *Qu'il s'écrit souvent à lui-même,* c'est charmant ! — Comprends-tu bien, au moins, La Brie ?

La Brie continua d'un air imperturbable :

— Qui sait quel grand seigneur a dîné chez Rousseau,
   Quelle femme s'est enivrée ;
Qui fait bien un ragoût, connaît un bon morceau...

— *Qui vous fait lire des poulets... qu'il s'écrit souvent à lui-même;* — qu'il s'écrit souvent à lui-même ! en vérité cela vaut de l'or.

— ... Connaît un bon morceau,
Et de toute la cour distingue la livrée ;
Mieux fourni de tabac qu'on ne l'est au bureau,
Donnant le choix du pur ou de la boîte ambrée...

— *Des poulets... qu'il s'écrit à lui-même,* c'est divin ! — La Brie, tu trouveras cet auteur et tu lui donneras cinquante pistoles de ma part. — Des poulets.... qu'il s'écrit! — La Brie, je veux être aujourd'hui un petit-maître.

— Cela est facile à monsieur le chevalier.

— N'est-il pas vrai ?

— Justement le tailleur de monsieur vient de lui apporter son superbe habit couleur boue de Paris.

— J'espère qu'il n'aura pas oublié les points et les rubans.... autant qu'une boutique, tu sais. D'abord, je veux des manchettes de chez Abricotine et du ruban de Cochina, aux *Traits Galants*. Quant à ma coiffure, tu iras chercher Lorry. — Ah diable ! comment prendrai-je ma perruque ?

— Si monsieur le chevalier me permettait de lui soumettre mon avis, il choisirait une perruque en queue de veau ou en nid de pie... C'est ce qui se porte maintenant de plus miraculeux.

— Tu crois? Dès demain, j'arbore les ajustements de mode, les vestes à franges et en découpures. Je veux aussi troquer mon équipage : voilà six mois bientôt qu'on me voit la même dormeuse. Il me faut un vis-à-vis à sept glaces, avec des chevaux fringants et des harnais pomponnés. Alors j'éblouirai la canaille par le peuple de mes chiens et de mes coureurs, par le bataillon de mes valets et par la forêt de cannes sans laquelle je prétends ne plus faire un pas désormais. Pour commencer, je congédie Picard et j'achète à Thorigny son cocher Ventre-à-Terre, à cause de ses moustaches.

— En attendant, pour peu que monsieur le chevaier veuille bien se donner la peine de jeter les yeux sur ce miroir, il verra que rien n'est comparable à la richesse de son habit et surtout à la manière dont il est porté.

— Flatteur! dit M. de Pimprenelle en se carrant avec complaisance. Le fait est que je sais donner une tournure aux moindres choses, un déhanché élégant, un dandinement de bon ton, qui... là... — Est-ce que je représente véritablement à tes yeux un petit-maître?

— Mieux que cela, répondit La Brie.

— Tu crois donc que je n'aurai point de peine à éclipser Verval ou le petit Nérigean? Au fait, cet habit me dispensera d'avoir de l'esprit aujourd'hui. — La Brie, tu iras tout de suite prévenir Tonton la danseuse que je soupe ce soir avec elle; je tiens à ce qu'elle me voie sous les armes, cette pauvre petite. En passant, je recruterai quelques amis. — Voyons, j'ai bien tout retenu, n'est-ce pas? Récapitulons. Les airs de du Bousset... tra la, la... — Bien peigné, bien chaussé, qui fait pas de ballets... Je marcherai en sautillant, comme cela. — La boîte ambrée, la voilà. — Qui vous parle à l'oreille... qui fait des ragoûts... qui donne à lire des billets. — Ah! mon

Dieu! et moi qui oubliais cet article : *qui vous fait lire des poulets qu'il s'écrit souvent à lui-même...* étourdi! une idée aussi belle. — La Brie!

— Plaît-il, monsieur le chevalier?

— Tu oubliais le plus important.... le poulet!

— Quel poulet?

— Voyons; mets-toi à cette table et prends la plume.

— Monsieur le chevalier va donc dicter?

— Sans doute. Mais la fièvre m'étrangle si je sais quoi m'écrire! Il faudrait quelque chose dans le genre élégiaque et vaporeux. Commençons toujours : — Monsieur le chevalier... non, c'est trop intime. — Mon cher chevalier, c'est plus bienséant.

— « Mon cher chevalier. »

— Diable! voici l'embarrassant; attends un peu. — « Mon cher chevalier, je...» — Barbouille cela en pattes de mouche. — « Je vous attends ce soir... » Ouf!

— « Ce soir. »

— Corbacque! tes doigts vont plus vite que ma parole. Si nous fourrions un mari là-dedans, qu'en dis-tu, La Brie? Cela serait bien plus original — et plus vraisemblable.

— Je ne vois pas, en effet, pourquoi monsieur le chevalier s'en priverait.

— C'est juste. Va donc pour le mari : — « Mon mari est à la campagne... » — Ici, il y aurait besoin de quelque métaphore galante, troussée avec esprit et relevée en pointe, comme *votre rigueur, belle Eglé,* ou bien *douce Philis*...

— « Mon mari est à la campagne. »

— A la campagne, bon. Écris. « L'amour, qui fait commettre tant de fautes... » Jette un pâté à cet endroit; cela joue la passion. Y es-tu?... « L'amour, qui fait commettre tant de fautes, me dicte cette nouvelle imprudence. » Bien, très-bien !

— « Imprudence. »

— « A ce soir ! mon Pimprenelle adoré, à ce soir !»
— Bravo ! Maintenant, signe.

— De quel nom?

— Ma foi, je ne sais pas. Invente, forge un nom de femme ; je m'en rapporte à toi. Surtout n'oublie pas le paraphe.

— C'est fait.

— A présent, saupoudre de quelques grains d'or, plie en quatre, écris mon adresse... et apporte-moi ce poulet ce soir, chez Tonton, au dessert, d'un air énormément mystérieux. — Ah! ah! *qui vous fait lire des poulets... qu'il s'écrit à lui-même !*

— Ah ! ah !

— Tiens ! vous riez, vous aussi, maître La Brie ?

— Excusez-moi, monsieur le chevalier... c'est que... c'est plus fort que moi.

— Mon Dieu ! ne te gêne pas, mon garçon, ris tant que tu voudras.

— Ah ! ah ! ah !

— Ah ! ah ! ah !

II

L'OPÉRA

M. le chevalier de Pimprenelle riait encore au milieu de la rue. — Après être descendu chez un baigneur renommé, où il se fit ambrer des pieds à la tête, il se dirigea vers le Palais-Royal et y fit deux ou trois tours de promenade, en attendant l'heure de l'Opéra. Lorsqu'il eut assez longtemps regardé les femmes sous le nez, dit des gaillardises aux bouquetières et promené son épée dans les jambes des passants, il se disposait à sortir du jardin, — quand il aperçut un petit abbé de sa connaissance, qui s'empressa de venir à lui avec de grandes démonstrations de tendresse et qui se prit à passer familièrement son bras sous le sien.

— Eh! c'est l'abbé Goguet, s'écria le chevalier; gageons, fripon, que vous sortez de chez Belinde ou de chez Zenéide?

— Baste! vous gagneriez doublement; je viens de chez toutes les deux.

— L'abbé, c'est le ciel qui vous envoie. Comment trouvez-vous mon habit?

— Magnifique.

— Et mes rubans?

— Incomparables.

— Vous avez le goût sûr... Avez-vous soupé?

— Fi donc! avant dix heures?

— Alors je vous emmène : nous souperons ensemble avec Tonton, dans ma petite maison du faubourg.

Et ils prirent tous les deux la route de l'Opéra, non sans s'être arrêtés à maintes reprises dans les cabarets qui se trouvaient sur leur passage, et sans avoir rendu tous les coups de coude des sous-traitants et des petits robins dont on était alors accablé. — Une fois arrivés, ils allèrent se placer sur un des bancs disposés le long des coulisses, l'abbé après avoir essuyé les quolibets des comédiens, et le chevalier en s'inclinant devant les félicitations sans nombre que lui attirait son habit neuf. On jouait ce soir-là les *Indes galantes*, pastorale en quatre entrées, de Fuzelier et de Rameau. Une des nymphes subalternes les plus en vogue, la petite Tonton, dont avait parlé le chevalier de Pimprenelle, remplissait là-dedans le rôle d'une jeune vierge péruvienne et devait mimer un pas nouveau compsé tout exprès pour elle par Despréaux, le plus habile joueur de saqueboute de son temps. Pendant que l'abbé Goguet et le chevalier de Pimprenelle, après avoir fait quelque fracas de leurs lorgnettes et de leurs montres, étaient occupés à guigner les femmes des loges avancées, sans plus se soucier de la pièce qu'on représentait, — ils se virent accostés par un Mondor à la face rubiconde, coiffé d'une perruque volumineuse, et qui se carrait d'un air d'importance en s'appuyant sur une haute canne de bois des îles. Ce personnage les salua avec toute la majesté que comportait sa riche encolure et s'assit lourdement à côté d'eux, en promenant ses gros yeux effarés sur le groupe des danseurs qui remplissait la scène. C'était le protecteur actuel et déclaré de Tonton.

Dès qu'il l'aperçut au bord de la rampe, un énorme sourire serpenta sur toute la largeur de sa figure ; il se balança sur son banc d'un air de satisfaction, et fit grincer deux ou trois fois sa tabatière, en toussant et soufflant de manière à couvrir la musique de l'orchestre. — A ce bruit insolite, Tonton se retourna et ne put dissimuler une violente envie de rire, qui lui fit manquer un entrechat et excita les murmures des habitués du parterre. A partir de ce moment, sa danse demeura sans effet sur le public, et ce fut en dépit de la mesure qu'elle acheva le pas de caractère où ses partisans l'attendaient pour la juger. — L'acte fini, elle passa, toute rouge de colère, au milieu des rangs silencieusement moqueurs de ses rivales, et se hâta de remonter dans sa loge, — suivie du Mondor, du petit collet et du chevalier de Pimprenelle, qui traversèrent bruyamment le théâtre en emboîtant le pas derrière elle. Tonton étouffait de rage ; elle gravit quatre à quatre l'escalier étroit, sans faire attention à leurs compliments de condoléance. Arrivée à la porte de sa loge, elle se retourna vivement, et la première chose qu'elle aperçut fut la grosse figure du Mondor, dont l'expression de douleur comique l'eût peut-être désarmée en toute autre circonstance. Mais Tonton avait trop sur le cœur sa récente humiliation, et, lui attribuant une partie de sa défaite, — elle lui poussa brusquement la porte sur le nez.

Le pauvre financier resta deux minutes étourdi. Avant qu'il fût remis de son émotion, l'abbé Goguet et le chevalier de Pimprenelle avaient fait volte-face et descendu quelques marches de l'escalier.

— Oh ! oh ! dit le chevalier, la petite a sa migraine ce soir, à ce qu'il me semble.

— Mais... je crois que oui... balbutia piteusement le Mondor.

— Baste ! cela ne sera rien, répliqua l'abbé. Il faut parlementer, voilà tout.

— C'est cela, parlementez, mon cher.

En conséquence, le Mondor approcha son œil du

trou de la serrure, et d'une voix qu'il s'efforça de rendre aussi pateline qu'il lui fut possible :

— Tonton, ma petite Tonton... il ne faut pas m'en vouloir; ouvre-moi, mon bouchon !

Rien ne répondit.

— Tonton, continua-t-il d'un ton dolent, il y a en bas M. le chevalier de Pimprenelle qui nous fait l'honneur de nous inviter à souper dans sa petite maison, avec l'abbé Goguet. Tu te rappelles Goguet, ton bon ami ?

Même silence.

Le Mondor eut un moment d'hésitation au bout duquel il parut faire un effort sur lui-même :

— Tonton, mon petit nez... tu sais cette désobligeante que tu désirais tant, avec cette livrée bleu-de-ciel ? eh bien, tu l'auras demain matin. Hein ?

Il n'y eut pas un mouvement. — Le financier suait à grosses gouttes. Au bas de la rampe, le chevalier et l'abbé se tenaient les côtes de rire. — L'abbé, pour se donner une contenance, chantonnait entre ses dents un couplet qui courait les ruelles :

> L'autre jour, près d'Annette,
> Un gros berger joufflu,
>   Lurelu,
> La rencontrant seulette,
> En riant l'aborda,
>   Lurela...

— Tonton... Tonton, tu m'as demandé hier un de mes grands laquais; je te donnerai Saint-Jean — et puis Jasmin... tu entends ?

La danseuse entendit sans doute, mais elle n'en montra rien. Le Mondor laissa tomber ses bras d'un air désespéré.

— Tonton, adieu. Je m'en vais, Tonton. Tu ne me reverras plus, Tonton.

Et il se disposait en effet à descendre lentement l'escalier, lorsque ses regards tombèrent sur ses deux compagnons qui l'examinaient d'un air railleur.

— Ferme ! lui cria le chevalier.

— Encore ! dit l'abbé.

Il réfléchit. Puis, armé de résolution, il remonta vers la loge ; mais cette fois il y frappa avec assurance et d'une main de maître.

— Allons ! se dit-il. Tonton, je t'achèterai une folie à Chantilly ou à Meudon. Tu y donneras des fêtes toutes les semaines, et tes amies Cléophile et Guimard en sécheront de jalousie. — Partons !

La porte s'était ouverte.

— Partons ! dit la danseuse.

III

LA PETITE MAISON

Le carrosse du Mondor brûlait le pavé; au bout de dix minutes, il s'arrêta devant une maison dont l'architecture n'offrait rien de particulièrement remarquable. — M. le chevalier de Pimprenelle, ayant mis pied à terre, s'empressa d'offrir sa main à Tonton pour l'introduire dans ce galant séjour. L'abbé suivait, donnant le bras au financier. — Ils traversèrent ainsi un vestibule de forme circulaire, voûté en calotte, avec des lambris couleur de soufre tendre et des dessus de porte peints par Dandrillon. — Tonton regarda l'un d'eux, qui représentait Hercule dans les bras de Morphée, réveillé par l'Amour. — La salle à manger qui venait ensuite était carrée et à pans. Elle était tendue de gourgouran gros vert et terminée dans sa partie supérieure par une corniche d'un profil élégant, surmontée d'une campane sculptée enfermant une mosaïque en or. Le parquet était de marqueterie mêlée de bois de cèdre et d'amarante; les marbres de bleu turquin. — Autour de la salle, douze trophées décorés par Falconet représentaient en relief les attributs de la chasse, de la pêche, des plaisirs de la table et de l'amour. De chacun d'eux sortaient autant de torchères portant des girandoles à six branches, qui éblouissaient.

Tonton loua beaucoup le goût exquis du chevalier de Pimprenelle, — avec le désir secret de piquer l'amour-propre du gros Mondor.

— Voyez donc, lui dit-elle, comme ces fleurs font admirablement bien dans ces jattes de porcelaine bleue, rehaussées d'or. En vérité, il n'y a que M. le chevalier de Pimprenelle pour posséder le goût de toutes ces choses.

L'épais Turcaret allait sans doute répliquer avec quelque aigreur, lorsqu'il fut interrompu par l'arrivée de deux nègres prodigieusement laids qui entrèrent, l'aiguillette au bras, et allèrent se placer silencieusement de chaque côté de la porte. Le chevalier frappa sur un panneau, et, du milieu du plancher s'éleva tout à coup une table richement servie, autour de laquelle prirent place les conviés. — Ces féeries gastronomiques, comme on le sait, avaient été mises à la mode par le régent et s'étaient continuées jusque sous le règne de Louis XV. — Pendant un quart d'heure environ, on n'entendit que le tintement des fourchettes d'argent et le babil du champagne dans le cristal. Le Mondor et l'abbé mangeaient comme quatre, le chevalier buvait comme douze; il n'y avait que Tonton qui ne buvait ni ne mangeait, parce qu'elle redoutait l'embonpoint.

Vers le milieu du repas, alors que les langues commençaient à se délier, on entendit du bruit soudain dans l'antichambre; et un nègre vint se pencher discrètement à l'oreille du chevalier de Pimprenelle.

— Eh bien! faites entrer, répondit-il avec insouciance.

— Ouais!... qu'est-ce que cela signifie? demanda le Mondor en essayant de cligner l'œil d'un air malin.

— Je l'ignore. C'est ce maraud de La Brie qui veut à toute force me parler.

En ce moment, La Brie parut sur le seuil de la salle : il semblait hésiter et n'oser faire un pas. Sa main tenait un petit billet qu'il cherchait à dissimuler avec une affectation visible et qu'il tendait de loin au chevalier. C'était un adroit coquin que ce La Brie!

— Allons, que me veux-tu? demanda M. de Pimprenelle sans paraître s'apercevoir de rien.

La Brie redoubla sa pantomime.

— Parle vite.

— C'est que...

— Hein?

— C'est... un billet.

— Un billet? Ventrebleu! y avait-il besoin de tant de mystère pour dire cela? Et de qui est-il, ce billet?

— C'est un laquais cerise qui me l'a remis.

— Malpeste! Lisez-moi donc un peu cela, l'abbé.

— Comment, vous voulez que je...

— Vous savez bien, mon cher, que j'ai la vue basse; et puis cela nous égayera davantage.

— Hum! dit l'abbé en flairant le papier sur tous les côtés.

— Voyons! voyons! dit Tonton avec impatience.

— Ah oui! voyons, répéta le Mondor, qui ne cessait pas de manger.

L'abbé Goguet brisa le cachet et commença la lecture à haute voix:

« Mon cher chevalier,

« Je vous attends ce soir. Mon mari est à la campa-
» gne. — L'amour, qui fait commettre tant de fautes,
» me dicte cette nouvelle imprudence! — A ce soir,
» mon Pimprenelle adoré, à ce soir! »

— Très-joli! ravissant! s'écria le Mondor; ce scélérat de chevalier est couru de toutes les femmes.

— Et la signature? demanda Tonton.

— Recevez nos compliments, ajouta l'abbé.

Le chevalier de Pimprenelle sourit à son jabot avec une fatuité complaisante.

— Au fait, la signature? répéta le Mondor, épanoui.

Une vive expression de surprise anima tout à coup les traits de l'abbé, qui balbutia avec quelque embarras :

— Mais... je ne sais si je dois... s'il convient ici...

— Allons donc! fit le chevalier en haussant les épaules.

— Pourtant... insista le lecteur.

— Si! si! la signature! vociférèrent les trois convives.

Tonton s'était précipitée sur le papier et l'avait enlevé rapidement aux mains de l'abbé.

Elle jeta ce nom :

— ... « Louise d'Obligny. »

Il y eut un moment de silence, semblable à celui qui suit un coup de foudre. Le financier avait bondi sur sa chaise : en moins d'une minute, son visage avait passé par les tons les plus divers, depuis le pourpre jusqu'au violet, depuis le blanc le plus mat jusqu'au noir le plus abyssin. Il parvint enfin à se lever de son siége, et après des efforts inouïs pour ouvrir la bouche :

— Ma femme! s'écria-t-il.

IV

LE DESSERT

Dire ce qu'éprouva le Mondor est impossible. Il avait d'abord, sous le coup de sa première stupeur, roulé dans sa tête les projets de vengeance les plus extravagants, les coups d'épée les plus furibonds. Il s'était, en idée du moins, baigné dans une mare de sang et avait pourfendu à lui seul une demi-douzaine de chevaliers. Cette petite débauche d'imagination dura peu de minutes, — le temps de se souvenir des deux ou trois derniers duels de M. de Pimprenelle. Il n'en fallut pas davantage pour éteindre le beau feu du Mondor. Tout à l'heure c'était de la flamme, un moment après ce n'était plus que de la braise.

Il retomba sur sa chaise.

— L'abbé... dit-il en soufflant péniblement, donnez-moi à boire.

L'abbé lui versa du tokay avec un affectueux empressement. Le financier but son verre d'un seul trait, puis il se mit à regarder en silence le chevalier.

— Ainsi, monsieur, reprit-il lorsque ses sens furent un peu rassis, c'est donc vous l'heureux mortel sur qui madame d'Obligny dispense aujourd'hui ses faveurs?

Le chevalier écarquilla les yeux.

Il était resté la bouche béante depuis le commencement de cette scène; son premier mouvement avait été de se retourner vers La Brie, — mais le valet de chambre avait jugé prudent de s'esquiver; c'était la première fois qu'il voyait le Mondor, et sans doute il ne le connaissait pas de nom. Le chevalier demeura donc seul avec lui-même, accablé de ce qui se passait autour de lui, et promenant un regard inexprimable de Tonton à l'abbé et de l'abbé au Mondor. Nous ne lui ferons pas cependant l'outrage de croire qu'il avait des remords ou des scrupules; mais ce que nous affirmerons en toute sûreté de conscience, c'est qu'il était réellement étonné; — et il y avait si longtemps que rien ne l'étonnait plus, qu'il lui fallut quelques instants avant de recouvrer l'habitude de cette sensation.

La brusque interpellation du financier le rappela à lui. Il examina le poulet qu'il tenait entre les doigts, le tourna, le retourna, et, en fin de compte, le tendit à M. d'Obligny en lui disant :

— Ma foi! voyez vous-même... peut-être reconnaîtrez-vous l'écriture de madame d'Obligny.

— Laissez donc, répondit celui-ci : est-ce que je me suis jamais occupé de ces griffonnages-là ! — L'abbé, donnez-moi à boire.

L'expédient honnête du chevalier tomba ainsi complétement. Il se vit dans la nécessité de pousser jusqu'au bout l'aventure.

— Alors, monsieur, dit-il, disposez de moi quand bon vous semblera. Je demeure à vos ordres.

— C'est bien, chevalier. Ceci ne doit point nous empêcher d'achever le repas. — A moins, poursuivit le Mondor en souriant d'un air forcé, que votre belle ne s'impatiente trop. Mais rassurez-vous, fit-il en portant ses regards sur la pendule, ce n'est point l'heure encore où elle se retire dans ses appartements. — Et d'ailleurs, j'y pense, n'avons-nous pas, parbleu! mon carrosse? Puisque nous suivons tous deux la même route, j'aurai le plaisir de vous déposer au lieu de votre destination.

Le chevalier de Pimprenelle l'écoutait sans comprendre.

— Je crois qu'il a presque de l'esprit ce soir, murmura l'abbé à l'oreille de Tonton.

— Il faut que le vin que tu lui sers soit diantrement bon, répondit-elle.

— Allons, Goguet! s'écria le Mondor, qui n'avalait plus que de travers, chantez-nous quelque chose... mais là, du gai, du drôle; vous savez... La derideri deridera!

— Bon! bon! je comprends, dit l'abbé en achevant la bouteille de tokay. Attention!

Et il entonna d'une voix aiguë, mais affreusement enrouée, les couplets amphigouriques suivants, sur l'air populaire: *Un chanoine de l'Auxerrois.*

> Le vin généreux que j'ai pris
> Vient de ranimer mes esprits;
>   Messieurs, point de chicane;
> Turlututu, chapeau pointu,
> Je vais vous faire un impromptu
>   Rempli de coq-à-l'âne.
>
> Cupidon s'est fait maréchal,
> Et ce dieu ne s'y prend pas mal :
>   Lise est son domicile.
> Il met sa forge dans ses yeux,
> Puis en fait jaillir mille feux
>   Qui brû...

— Assez! exclama impérieusement le Mondor en frappant du poing sur la table, vous faites souffrir monsieur le chevalier. — Fi! la vilaine voix! D'ailleurs, ne voyez-vous pas qu'il a hâte de partir? N'est-ce pas, chevalier?

Le chevalier de Pimprenelle se leva en silence :

— Labranche, dit-il à un des laquais, prévenez le cocher de M. d'Obligny qu'il ait à nous quérir.

— Dis donc, d'Obligny... fit l'abbé aviné, sais-tu que tu n'es guère honnête, d'Obligny?

Le financier le repoussa violemment.

— Allons, passe devant, ivrogne!

L'abbé s'effaça contre la muraille en grommelant, précédé par Tonton.

A la porte, il y eut un dernier échange de civilités entre le chevalier de Pimprenelle et M. d'Obligny. Après quoi, tous les quatre remontèrent en voiture.

— Chez ma femme! cria le Mondor au cocher.

V.

LE DRAME

Cette fois, le trajet fut silencieux. Chacun des personnages emportés par cette voiture était agité de pensées si confuses et si incohérentes, qu'il n'aurait su que dire en prenant la parole. Quelquefois, la lueur soudaine d'un réverbère passait, — illuminant les acteurs de cette scène étrange, et les montrant fantastiquement groupés dans une ellipse rougeâtre. Assise devant lui, la danseuse pinçait les genoux du petit collet, qui ronflait à tue-tête et se retournait à chaque coup d'ongle avec des soubresauts d'Encelade. — Tous les deux représentaient le côté bouffon de ce drame après boire, qui avait commencé dans une loge d'actrice, et qui allait se dénouer dans une alcôve conjugale.

La tête doucement renversée sur les coussins du carrosse, les jambes croisées, la main dans son gilet,

— le chevalier de Pimprenelle réfléchissait au bizarre et à l'imprévu de sa situation, sans toutefois songer aux moyens d'en sortir. Il semblait, au contraire, trouver un certain plaisir à s'enfoncer davantage au sein des complications qui l'attendaient. Semblable à ces malades singuliers qui, par un esprit de contradiction inexplicable, s'acharnent à raviver une douleur demi-éteinte, et goûtent une sorte de jouissance dans l'excès de leurs propres maux, — il se plongeait et se roulait avec délices dans les difficultés qu'il s'était créées lui-même. Comment cela finirait-il ? Il l'ignorait et il voulait l'ignorer. Il était à la fois son acteur et son spectateur. Il se regardait faire d'un air curieux, et il se promettait de rire beaucoup de ce qui allait lui arriver.

Ce qu'il y avait là-dedans de plus clair pour lui, c'est que M. d'Obligny le conduisait chez sa femme.

Il avait plusieurs fois entendu parler de madame d'Obligny comme d'une personne fort belle et parfaitement à la mode. En cela son valet de chambre s'était ponctuellement conformé à ses intentions. — Lui-même n'était pas sûr de ne l'avoir point rencontrée dans quelque salon ; mais ce jour-là elle lui était si bien sortie de la mémoire qu'il lui aurait été tout à fait impossible de déterminer la nuance de ses cheveux.

Un moment, il eut la pensée de se renseigner auprès du mari.

Mais en levant les yeux, il en eut une compassion réelle. Ses mains étaient crispées autour de sa haute canne ; son haleine se dégageait mal de ses poumons oppressés ; ses gros yeux regardaient sans voir à travers la vitre humide de sa respiration. Il était évident que le financier se trouvait en proie à l'un de ces cauchemars moraux sans exemple jusqu'à présent dans son existence alourdie par la sensualité. Non pas que madame d'Obligny lui tînt tellement au cœur qu'il ne pût se défendre à son égard d'un reste de tendresse ; non pas que sa vertu se fût toujours présentée à ses yeux avec des rayonnements également purs ; mais il y avait dans la façon dont cette nouvelle injure lui avait été révélée quelque chose de si spontané et de si inattendu, que le mari le plus cuirassé des deux mondes en eût été terrifié comme d'une poudre fulminante qui serait tout à coup partie sous son nez.

Aussi, lorsque le marche-pied de la voiture s'abaissa devant l'hôtel, le chevalier éprouva-t-il un dernier sentiment charitable ; — et au moment où il se levait pour descendre, le corps plié en deux par la courbe de la voiture, il se retourna vers le Mondor et lui dit :

— Tenez, financier, si vous voulez m'en croire, nous remettrons la partie à un autre jour, et nous pousserons jusque chez Tonton pour terminer de sabler du champagne ; quitte ensuite, demain matin, à nous couper réciproquement la gorge, si tel est votre bon plaisir.

Le financier eut un frisson. Mais il s'était trop avancé. — Pour unique réponse, il se leva avec effort derrière le chevalier, qui se décida à mettre pied à terre, disant à part lui :

— Maintenant, advienne que pourra !

Au coup de marteau qui alla ébranler l'hôtel jusque dans ses plus intimes profondeurs, un laquais se présenta sur le seuil, tenant un flambeau de cire.

— Où est madame ? lui jeta à la figure M. d'Obligny.

— Madame vient de se retirer dans sa chambre à coucher, répondit le laquais.

— Éclairez-nous.

Puis, ils montèrent l'escalier, de compagnie. A la porte de l'antichambre, ils rencontrèrent une soubrette qui les regarda d'un air ahuri et fit mine de leur barrer le passage.

— Eh bien ! Céphise, qu'est-ce que c'est ? Ta maîtresse est-elle donc ce soir tellement agitée par ses vapeurs qu'elle ait donné l'ordre de ne laisser pénétrer personne auprès d'elle ? — Tu sais bien pourtant qu'une telle consigne ne saurait atteindre M. le chevalier de Pimprenelle.

La suivante fixa le nouveau venu.

— C'est bon, mon enfant, tu feras ton métier d'étonnée un autre jour. En attendant, va-t'en prévenir madame de notre arrivée, — entends-tu ?

— C'est que... monsieur... balbutia-t-elle, madame vient de renvoyer sa femme de chambre, et j'ignore... je ne sais...

— Tiens, coquine ! fit le Mondor avec impatience en lui jetant une bourse ; entre et annonce-nous.

La suivante obéit en poussant un soupir. Elle revint, au bout de cinq minutes, introduisant M. d'Obligny et M. le chevalier de Pimprenelle.

M. le chevalier tira, avant d'entrer, un petit miroir de sa poche, — et répara du mieux qu'il lui fut possible les incongruités que les cahots de la voiture avaient occasionnées à sa perruque en queue de veau.

VI

LA CHAMBRE A COUCHER

Je passerai sous silence la description de la chambre à coucher de madame d'Obligny. — Il suffira de savoir que c'était un réduit délicieux, très-élégamment et très-richement orné, — trop richement peut-être, — mais on ne doit pas perdre de vue que nous sommes chez un financier. L'or brillait de toutes parts, amorti par le velours. Deux bougies seulement brûlaient, odorantes, sur un guéridon.

Madame d'Obligny, en galant déshabillé de nuit, lisait, étendue dans une chaise longue et les pieds chaussés de ravissantes petites mules satin et argent. Un mantelet de mousseline claire enveloppait négligemment une taille divine. Un désespoir couleur de rose, agréablement noué sous le menton, couronnait un battant-l'œil sous lequel ses regards se faisaient plus tendres et moins perçants. Ses mouches et son rouge étaient sortis. Ainsi accommodée, au milieu du luxe qui resplendissait autour d'elle, — à cette heure nocturne, — elle était belle à troubler la raison d'un saint ou d'un mari. C'était une grande et blonde femme, aux yeux langoureux, à la peau blanche, au bras irréprochablement sculpté. Sa pose était magnifique, quoiqu'un peu molle.

Elle releva doucement le front, au bruit que fit en entrant son mari, accompagné du chevalier de Pimprenelle; mais elle garda le livre qu'elle tenait à la main, et se contenta de saluer avec un sourire. Rien sur son gracieux visage ne peignait le moindre trouble, n'indiquait la moindre altération.

M. d'Obligny se sentit comme interdit à la vue de ce calme parfait, — de cette solitude parfumée et silencieuse. Il promena ses yeux autour de lui. Un moment il crut avoir rêvé, et il eut honte de son rêve. Par malheur, il réussit à s'arracher à cette illusion consolante, et, s'approchant de sa femme:

— Mille excuses, madame, lui dit-il d'une voix qu'il tenta de rendre railleuse, si je viens vous déranger de votre lecture. Je n'ai pu résister au désir de vous amener — moi-même — M. le chevalier de Pimprenelle... que voici.

Le chevalier s'inclina respectueusement.

— Savez-vous bien, madame, continua le financier,

que c'est au plus mal à vous de nous dérober de la sorte vos amis, surtout quand il se fait que ce sont précisément les nôtres ? Sans le hasard qui m'a livré cette heureuse découverte, jamais secret d'État n'eût été mieux gardé des deux parts.

Madame d'Obligny contempla tour à tour son mari et le chevalier. Puis elle posa le volume sur le guéridon, et, croisant les mains, elle dit machinalement :

— Ah ! monsieur est un de mes amis ?

Le chevalier, qui regardait les peintures, s'inclina pour la deuxième fois.

— Figurez-vous, poursuivit M. d'Obligny après une pause de muette indignation, la rencontre la plus originale, la plus extravagante qu'il soit possible d'imaginer, n'est-ce pas, chevalier ? — Nous soupions ce soir dans sa petite maison, une maison charmante, sur ma parole, lorsqu'au beau milieu du dessert, un grand maladroit de valet... — Comment nommez-vous ce butor, chevalier ? Est-ce que vous n'allez pas le faire bâtonner un peu, en rentrant ?

— Certes ! murmura le chevalier de Pimprenelle en fermant le poing.

— Lorsque cette espèce, dis-je, nous remet sans crier gare, au milieu de nos brocards et de nos plaisanteries indiscrètes, devinez quoi, madame ?

— Je ne devine pas, monsieur, répondit sèchement la jeune femme.

— Parbleu ! je le crois bien, pensa le chevalier, qui se mordit la lèvre.

— Votre poulet !

— Mon poulet ?...

— Tenez, madame, le voici encore — un peu chiffonné, il est vrai — c'est qu'il a passé par plusieurs mains avant de me revenir.

Madame d'Obligny tendit le bras avec effort et approcha lentement le papier de la bougie. — Pendant qu'elle en faisait la lecture à voix basse, le financier, blême de fureur, l'examinait avec une surprise sans pareille. Nulle inquiétude ne s'était manifestée sur le visage de sa femme, aucun nuage n'avait passé sur son front pur, pas un signe n'avait altéré la parfaite harmonie de ses traits. C'était l'impassibilité personnifiée, l'immobilité faite chair. — Quand elle eut fini de lire, un sourire erra sur ses lèvres, et elle se prit à regarder plus attentivement le chevalier de Pimprenelle.

Le chevalier s'inclina pour la troisième fois.

— Eh bien ! madame ? s'écria le mari d'un air tragique, en essayant, — mais en vain, — de croiser ses bras sur son énorme poitrine.

— Eh bien ! monsieur ? attendit-elle.

— Avouez que cette aventure est au moins curieuse.

— Très-curieuse, en effet, répéta-t-elle sans détacher les yeux de dessus le chevalier.

— C'est inimaginable, se dit celui-ci ; elle n'éclate pas comme je devais m'y attendre ; qu'est-ce que cela cache donc ?

— Certes, reprit M. d'Obligny, — en lâchant cette fois les guides à sa verve maritale, — je n'ignorais pas que, depuis bientôt trois semaines, un homme s'introduisait tous les soirs par la porte dérobée de l'hôtel, — que cet homme, qui avait gagné l'un après l'autre tous mes gens, était reçu par vous dans ce même appartement où, en cas d'éveil, il pouvait trouver un refuge dans ce cabinet de toilette ; — que cet homme enfin avait été plusieurs fois aperçu sortant d'ici à la pointe du jour... Mais, par la maugrebleu ! madame, j'avoue que j'étais loin de songer à M. le chevalier de Pimprenelle, — et que j'eusse plutôt incliné pour mon jeune cousin, le vicomte de Trublay !

La jeune femme était devenue, à ces mots, d'une pâleur de marbre, et un tremblement nerveux agita son corps.

— Permettez ! permettez ! s'écria le chevalier, qui avait écouté attentivement, et dont les oreilles tintaient au cliquetis de ces dernières paroles ; — qu'est-ce que vous dites donc là, s'il vous plaît ? Vous confondez...

Un regard de madame d'Obligny, prompt comme

l'éclair, vint clouer sur sa bouche la suite de son apostrophe.

— Que voulez-vous dire? demanda le Mondor.

— Recommencez-moi mon histoire, mon cher. Voyons. D'abord, dites-vous, je m'introduis tous les soirs dans votre hôtel par une porte dérobée.

— Oui. Germain m'a tout avoué.

— Bon. Ensuite, je suis reçu ici par...

— Le nierez-vous peut-être?

— Mais... je ne dis pas, reprit-il après avoir regardé madame d'Obligny. — Et enfin, je me cache, au besoin, dans un cabinet attenant sans doute à cette chambre, n'est-ce point?

— Celui-ci.

— Ah! ah! fit le chevalier en se dirigeant de ce côté; je ne suis pas fâché de reconnaître un peu les localités...

La financière l'avait suivi jusque-là avec une anxiété croissante; — et au moment où, s'approchant d'un air curieux, il poussa du doigt le bouton qui ouvrait le mystérieux cabinet, elle s'élança vers lui avec un cri d'effroi.

Le chevalier referma la porte, — mais il avait eu le temps d'apercevoir dans l'ombre un quatrième personnage.

— Ne craignez rien, madame, dit-il galamment; nous n'ignorons pas qu'un cabinet de toilette est comme un sanctuaire, où la déesse et ses grands prêtres ont seuls le droit de présence.

Puis, se retournant vers M. d'Obligny, dont l'accablement paralysait toutes les facultés :

— Vous êtes parfaitement renseigné, monsieur, et je vois que rien n'échappe à votre œil vigilant. Il est donc inutile d'empêcher plus longtemps le repos de madame, qui me permettra de prendre congé d'elle et de vous.

— Ainsi, s'écria le Mondor d'un ton désespéré et comme pour qu'il ne lui restât plus un seul doute sur son — malheur ; — ainsi vous avouez, madame, avoir écrit ce billet au chevalier ? Vous reconnaissez votre écriture ; c'est bien vous qui avez tracé ces lignes coupables?...

— Oui, monsieur.

A son tour, le chevalier de Pimprenelle ne put retenir une exclamation de surprise. — Il regarda fixement la jeune femme, dont une faible rougeur vint colorer la joue, et qui baissa les yeux non sans quelque marque de confusion.

— Allons, pensa-t-il, je vois ce que c'est ; je paye pour M. le vicomte de Trublay ; c'est là une femme d'esprit ou je ne m'y connais pas — et je m'y connais.

Et il fit quelques pas en arrière pour se retirer.

Le financier, sortant enfin de sa pétrification absolue, reprit son chapeau sur l'ottomane où il l'avait posé en entrant, passa sa canne de sa main droite dans sa main gauche, et saluant sa femme avec toute la gravité dont il était capable :

— J'espère, madame, lui dit-il, qu'après le retentissement que cette affaire court risque d'avoir sous peu de jours, vous comprendrez la nécessité d'aller passer quelque temps en Touraine, au sein de votre famille. Une rupture à l'amiable et sans bruit nous épargnera les tracas toujours inséparables d'une action judiciaire.

Madame d'Obligny, — bien vite remise de son émotion de tout à l'heure, — n'eut pas un geste, pas un mouvement qui trahît sa pensée. Elle resta belle et froide.

— Pour nous deux, chevalier, reprit-il avec un effort, c'est une affaire à vider sur un autre terrain. Nous nous reverrons.

— A votre aise, monsieur, fit le chevalier en tourmentant son jabot.

La financière se leva pour reconduire les deux visiteurs. A la porte de sa chambre, elle s'inclina une dernière fois devant le chevalier de Pimprenelle en lui lançant un éloquent regard qui semblait dire :

— Comptez sur ma reconnaissance.

A quoi M. le chevalier de Pimprenelle répondit par un sourire d'une impertinence victorieuse, et qui pouvait se traduire par ces mots :

— Je l'espère bien.

Au bas de l'escalier, M. le chevalier remonta dans le carrosse qui l'attendait, — et se fit reconduire chez lui, après avoir reconduit la danseuse. Quant à l'abbé Goguet, il fut impossible de l'arracher de la place où il s'était pelotonné et où il ronflait comme une trompette marine. Il passa donc la nuit dans la voiture.

La voiture passa la nuit dans l'écurie.

VII

LE DÉNOUMENT

> Pourquoi nous marier,
> Quand les femmes des autres
> Se font si peu prier
> Pour devenir les nôtres ?
> COLLÉ.

C'était le lendemain.

— Une lettre pour monsieur, dit La Brie.

— Donne, bélître, fit le chevalier de Pimprenelle.

Le chevalier décacheta et lut ce qui suit :

« Mon cher chevalier,

» Je sais tout. — Ce matin, madame d'Obligny est entrée sur la pointe du pied dans mon cabinet. Elle tenait à la main ce fameux poulet que vous savez, et elle le posa devant moi sans mot dire. Puis elle prit une plume sur mon pupitre et traça quelques lettres à côté de la signature. L'écriture était différente. Je tombai de mon haut.

» —Fi! monsieur, me dit-elle ; ne voyez-vous pas que c'était une comédie imaginée avec M. le chevalier de Pimprenelle pour vous guérir de votre sotte jalousie ?

» Savez-vous, mon cher, que vous êtes l'un et l'autre de parfaits comédiens? J'en suis encore délicieusement étourdi. Acceptez un million d'excuses et venez dîner ce soir avec nous. — Madame d'Obligny vous en prie.

» D'OBLIGNY. »

Le chevalier sourit et mit la lettre dans sa poche.

Mais il n'alla pas chez le Mondor — parce qu'il rencontra sur son chemin le vicomte de Trublay qui lui proposa un coup d'épée.

M. le chevalier de Pimprenelle en eut pour huit jours de lit, — au bout desquels, par malheur pour la moralité de ce conte, il se rendit, sans encombre, à una nouvelle invitation du financier — et de la financière.

Ce conte se passera donc de moralité.

LES PETITS JEUX

LETTRE DU VIEUX CHEVALIER DE PINPARÉ,
TOMBÉ EN ENFANCE

A MA PETITE NIÈCE ANTOINETTE

Chère petite masque, — je le répète souvent avec regret : on s'ennuie à mourir dans les salons modernes. Il n'y a pas jusqu'aux jeux innocents qui ne soient mélancoliques, guindés, surveillés. enfin du dernier bourgeois, comme nous disions jadis. On en est resté au suranné *Portier du couvent* et à l'éternel *Baiser sous le chandelier*. Çà, qu'on me ramène chez le duc de Penthièvre !

Il faut, ma friponne Antoinette, que tu réformes tout cela. Et justement je viens de retrouver, au fond de mon secrétaire en bois de Sainte-Lucie, un imperceptible portefeuille de maroquin ayant appartenu à ta grand'mère. Spirituelle et gracieuse mémoire, ombre couronnée de fleurs! Ce petit livre était celui où elle inscrivait les gages déposés entre ses mains par les joueurs de ses mardis et de ses vendredis.

A la première page, je lis :

M. de Champcenetz, une tabatière ;

Madame de Breteuil, une agrafe en diamants ;

M. Dorat-Cubières, un pois chiche ;

M. l'abbé Souchot, un médaillon, un dé à coudre, un nœud de rubans et une jarretière ;

Mademoiselle de Chamorin, un éventail ;

M. Mardelles, ses deux montres.

Ce petit livre m'a rajeuni de quarante ans, de cinquante ans; j'y ai revu, comme dans un miroir enchanté, tous les visages aimés de cette époque lointaine, qui comptait tant d'aimables visages ; j'ai cru en entendre sortir, comme d'un coquillage où s'agitent les bruits de la mer, des paroles et des chants tels que je n'en entends plus — depuis que j'ai cessé de jouer à tous les jeux.

Ceux qu'on nomme les *Petits jeux* particulièrement menacent de disparaître peu à peu ; je sais bien que les gens sévères ne trouveront pas grand mal à cela ; moi-même je regretterai médiocrement le *Corbillon* et la *Cassette* ; des questions comme celles-ci ne m'on jamais paru fort réjouissantes : « Je vous vends ma cassette ; que voulez-vous qu'on y mette ? — Une noisette, une allumette, une assiette, une cuvette, une sonnette, etc. »

Je ferai également bon marché du gothique *Pied de bœuf :* une, deux, trois, quatre, cinq, six, sept, huit, neuf, je tiens mon pied de bœuf. J'y renoncerai, malgré la jolie chanson qu'il a inspiré à Panard :

> Je rêvais l'autre jour
> Qu'avec vous et l'Amour
> Je jouais sur l'herbette....

Mais j'allais avoir trop de mémoire.

Ce que je voudrais défendre, — en dehors, bien entendu, de certains petits jeux vieux comme le monde et qui dureront autant que lui, tels que : les *Quatre coins,* prétexte à tant de charmants tableaux, la *Main chaude, Petit bonhomme vit encore, Tirez-lâchez;* — ce que je demande du moins la permission de regretter tout haut, ce sont ces divertissements ingénieux qui étaient la joie et le sourire ravissant de nos réunions d'il y a... ne comptons plus ; ce sont les jeux de l'*Avocat,* de la *Volière,* des *Métamorphoses,* du

Secrétaire, de cent autres encore vers lesquels mon esprit s'est retourné ce matin pendant que je parcourais les tablettes de ta grand'mère.

Je te les envoie, ces tablettes, ma chère nièce; et, de ma grosse et tremblante écriture, j'y joins quelques notes qui t'intéresseront peut-être. Si elles ne t'intéressent pas, mon Dieu, je ne regretterai point le temps que j'ai mis à les rassembler, car j'aurai vécu deux ou trois heures dans le passé; j'aurai foulé une fois de plus d'un pas attendri le gazon de mon adolescence; je me serai donné une dernière fête, comme ce pauvre Brummel, qui, sur la fin de sa vie, retiré dans une modeste chambre de Calais, allumait chaque soir une trentaine de bougies et faisait — réception imaginaire! — annoncer par son domestique les plus grands noms de l'Angleterre. Moi, ce ne sont pas des lords et des pairs que j'évoque; ce sont de petites figures espiègles, de mignonnes têtes poudrées, des joues rougissantes et qui se tendent pour subir leur punition, des robes couleur du jour que l'on dirait sorties de l'armoire des fées, des éclats de rire argentins, des chuchotements qui annoncent des conspirations, et des regards, ah! des regards comme on n'en voit plus, — surtout depuis que ma vue est devenue si basse.

Le nom de mademoiselle de Saint-Graverand, inscrit à la deuxième page, me rappelle un incident qui tourna à sa confusion. C'était une personne admirablement belle que mademoiselle de Saint-Graverand, mais elle avait une dose de simplicité qui la rendait le plastron de nos amusements. Ce soir-là, au nombre de huit ou dix personnes, nous jouions à : *J'aime mon amant par A.*

Ta céleste grand'mère avait dit : — J'aime mon amant par A, parce qu'il est affable ; je le nourris d'amandes, je l'envoie à Avignon, je lui fais présent d'un aérostat, et je lui donne un bouquet d'anémones.

Madame de Serrière : — J'aime mon amant par A, parce qu'il est agaçant, je le nourris d'alouettes, je l'envoie à Antioche, je lui fais présent d'un anthropophage, et je lui donne un bouquet d'absinthe.

Mademoiselle Gay, une brune des plus engageantes : — J'aime mon amant par A, parce qu'il est audacieux, je le nourris d'abricots, je l'envoie à Antibes, je lui fais présent d'une arbalète, et je lui donne un bouquet d'aubépine.

Quand ce fut au tour de mademoiselle de Saint-Graverand, voici les paroles qu'elle prononça : — J'aime mon amant par A, parce qu'il est *ardi*....

Je te laisse à deviner nos éclats de rire.

Il est juste de dire que cette délicieuse niaise prenait une revanche éclatante dans la *Clef du jardin du roi,* où elle était servie par une merveilleuse volubilité.

C'est un exercice de mémoire, qui tire son origine, je crois, d'une chanson populaire. « Je vous vends la clef du jardin du roi, » voilà le commencement ; — et voici la fin, qui fera comprendre tout le mécanisme du jeu : « Je vous vends le seau qui a apporté l'eau qui a éteint le feu qui a brûlé le bâton qui a tué le chien qui a dévoré le chat qui a mangé le rat qui a rongé la corde qui tient à la clef du jardin du roi. »

Tu t'étonneras sans doute de ce qu'une tête blanche comme moi ait gardé le souvenir de ces enfantillages. J'ai vu passer bien des événements dont il ne me reste plus aujourd'hui qu'une image confuse ; j'ai oublié les noms d'une grande quantité de mes amis, j'ai oublié les serments qu'on m'a faits et ceux que j'ai pu faire, j'ai oublié des joies, des désespoirs, des heures d'orgueil suprême ; — mais jamais je n'ai oublié ce couplet, que je peux répéter encore, sans hésitation, comme à quinze ans :

> Celui-là n'est point ivre qui trois fois dira :
> Blanc, blond, bois, barbe grise, bois,
> Blond, bois, blanc, barbe grise, bois,
> Bois, blond, blanc, barbe grise.

Ce qui surnage pour moi au-dessus des temps philosophiques, guerriers et parlementaires que j'ai traversés, c'est le jeu de *Berlurette,* de *Chiquette,* de

Berlingue, du *Capucin,* de la *Pantoufle* et du *Chnif-chnof-chnorum.* Le plus clair de mon expérience, c'est *Vive l'amour, l'as a fait le tour !*

Quelque temps avant la révolution, j'ai joué au *Colin-Maillard à la silhouette* avec le jeune M. de Chateaubriand, dont la destinée devait être si étonnante. Peut-être ignores-tu ce que c'est que cette sorte de Colin-Maillard ; alors imagine-toi un rideau transparent devant lequel chacun passe à son tour en faisant des grimaces et des contorsions risibles. Il faut que celui qui est placé derrière le rideau devine la personne qui passe. Les hommes mettent quelquefois des bonnets de femme et des mantelets, pour n'être point reconnus. J'ai vu aussi des jeunes gens monter à califourchon l'un sur l'autre ; cela formait les groupes les plus plaisants du monde. — Le dernier de tous, M. de Chateaubriand se dessina, lent et sévère, sur le rideau. Il fut immédiatement reconnu. Ce jeune Breton n'avait pas du tout l'instinct du *Colin-Maillard à la silhouette,* mais pas du tout.

Il n'en était pas de même de M. l'évêque d'Autun ; son enjouement et son esprit faisaient merveille. Au jeu des *Comparaisons,* il s'entendit ainsi interpeller par la grasse madame de Chessy :

« — A quoi me comparez-vous ?

— Je vous compare à une pincette, lui répondit-il.

— Oh! oh! se récria l'auditoire.

— Sans doute ; la pincette attise le feu... comme madame ; voilà pour la ressemblance. La pincette, en attisant le feu, s'échauffe... tandis que madame reste toujours froide ; voilà la différence. »

Pour ce qui est de moi, si j'ose prendre rang après des noms si fameux, je puis dire que j'excellais particulièrement à la *Sellette,* aux *Propos interrompus* et aux *Devises.* Mon apprentissage fut assez long toutefois, et je me vis dans les premiers temps en butte à maintes mystifications. Au *Pince sans rire* entre autres, qui consiste à se présenter à tour de rôle devant une personne élue et à se laisser pincer par elle soit le menton, soit le nez, soit les joues, soit le front ; au *Pince sans rire,* dis-je, je fus bafoué de la plus complète façon : mon pinceur, devant qui j'étais le dernier à passer, avait frotté deux de ses doigts à un bouchon brûlé, sans que je m'en fusse aperçu ; il me traça de grandes virgules noires sur la figure. Je retournai à ma place : toute la compagnie riait, et je riais comme toute la compagnie, sans savoir pourquoi. Les choses furent poussées si loin qu'on me laissa sortir dans cet état ; mon cocher me regarda avec stupeur, mais, croyant à une gageure, il ne m'avertit de rien et me conduisit à la Comédie-Italienne, où j'avais l'habitude de finir mes soirées. Là seulement les éclats de rire qui m'accueillirent à mon entrée me donnèrent quelque soupçon : je tirai mon petit miroir ; à peine y eus-je jeté les yeux que je reculai épouvanté.

Je dois avouer que le jeu du *Pince sans rire* n'est souvent pas du goût de tout le monde.

Quelques-uns lui préfèrent, et je suis de ceux-là, le jeu de la *Toilette,* où chacun représente un objet d'ajustement ; le jeu de *M. le curé,* qui met en scène tout le personnel d'une paroisse : carillonneur, bedeau, chantre, enfant de chœur ; celui de *Combien vaut l'orge?* demande à laquelle les joueurs doivent répondre successivement, dans un ordre convenu, et avec la plus grande prestesse : Comment ? — diable ! — peste ! — vingt sols ; — s'il vous plaît ? — c'est bien cher, etc.

Les mots à deviner et les choses à chercher ont aussi leur intérêt. Que de fois ne m'a-t-on pas fait chercher une épingle au son du violon ; plus j'approchais de l'objet caché, plus le musicien jouait fort ; plus je m'en éloignais, plus son jeu se ralentissait. Une fois, c'était Viotti qui tenait le violon ; nous demeurâmes dans le ravissement pendant une demi-heure ; j'oubliais de chercher l'épingle, et lorsque je l'eus aperçue, je détournai vite les yeux, afin de prolonger les accords du célèbre artiste.

Quand Viotti manquait, c'était un sifflet que nous

nous faisions passer et dans lequel nous soufflions de temps en temps, en chantant :

> Il est passé par ici,
> Le furet du bois, mesdames ;
> Il est passé par ici,
> Le furet du bois joli.

Il fallait saisir l'instrument entre les mains du siffleur, ce qui n'était pas facile ; — on l'attacha un jour derrière M. Petit-Radel, et chacun vint y souffler en tapinois. Lui de se retourner brusquement, et nous de nous enfuir. Cela recommença quinze ou vingt fois, au bout desquelles il finit par se donner au diable et par nous demander merci.

Je m'arrête à mon tour. Chère enfant, tu liras d'autres noms, inconnus ou célèbres, tous à demi effacés, sur ce portefeuille qui a dormi si longtemps dans les tiroirs de mon reliquaire mondain. Avant qu'ils s'effacent tout à fait, ils auront vu du moins, ces amis de l'adorée qui fut ta grand'mère, se fixer sur eux tes yeux profonds et purs ; regarde bien alors cette poussière du crayon, et si tu la vois s'animer tout à coup comme sous un souffle inconnu, ne t'étonne pas, Antoinette : c'est que l'âme du souvenir aura passé pour un instant dans ces pages.

LES PASSE-TEMPS
DE
M. DE LA POPELINIÈRE

I

L'aventure de la cheminée tournante a rendu M. de la Popelinière immortel. Son argent, ses relations et ses écrits ne l'avaient rendu simplement que fameux. Il ne serait peut-être pas facile aujourd'hui de reconstruire cette physionomie de financier romanesque, pompeux, despote et dévoré surtout par la passion du bel esprit. Les points de comparaison avec des types de notre époque nous manqueraient presque absolument.

La Popelinière a composé beaucoup de prose et de vers. D'abord, c'étaient ses propres comédies qu'il faisait représenter sur son théâtre, où naturellement on les trouvait fort bien tournées ; nous croyons qu'elles sont toutes restées manuscrites. Deux ouvrages seulement de la Popelinière ont été imprimés, *Daïra* et les *Tableaux des Mœurs du temps*. Ce sont deux raretés bibliographiques.

Daïra parut pour la première fois en 1760 ; c'est un volume grand in-8°, tiré à très-peu d'exemplaires, vingt-cinq, assure-t-on. Les aventures qui y sont racontées ne sortent pas du cadre ordinaire des romans musulmans ; on y rencontre cependant quelques situations pathétiques et un certain art de composition. Bien que la Popelinière eût alors soixante-huit ans, et que sa femme adultère fût morte depuis plusieurs années, il ne put s'empêcher, dans les premières lignes de *Daïra,* d'exhaler un reste de colère contre celle qu'il avait tant aimée, contre cette petite-fille de Dancourt, qui avait hérité de son grand-père l'esprit et la légèreté.

« Si je voulais, dit-il, rappeler ici la fatale année de ma vie où je me suis vu réduit à quitter mes amis, ma famille, ma chère patrie, pour me retirer dans les déserts, il faudrait développer les intrigues secrètes, les manœuvres impies par lesquelles une femme a pu parvenir à renverser un homme d'honneur. Mais je suis le même homme toujours ; et s'il a plu au ciel de terminer la vie de cette femme criminelle, je ne la regarde plus sur cette terre que comme la pincée de poussière que je serre en mes doigts. Je lui pardonne, Dieu m'en est témoin, je lui pardonne tous les maux, tous les tourments qu'elle m'a causés ; je ne veux pas même étendre ce sentiment plus loin, de peur qu'il ne s'y répandît malgré moi quelques lumières sur des événements déjà connus, dont on a toujours profondément ignoré les causes, et qui peut-être exciteraient à les rechercher....

» Je préviens donc que si j'emploie le loisir que je trouve dans ma retraite à rassembler les choses qu'on va lire, ce n'est que parce qu'elles n'ont aucun rapport avec moi ; je préviens que rien ne m'est plus étranger que toute l'histoire que je vais écrire, » etc., etc.

Quoi qu'il en dise, on sent que la blessure est toujours saignante chez le pauvre financier. Cette sensibilité sera plus tard une excuse au cynisme et aux écarts que nous aurons à reprendre en lui ; cela ne s'applique pas à *Daïra*, qui n'a rien de bien galant, malgré la réputation que les catalogues lui ont faite, et quoique la scène se passe dans le sérail d'Alep. Une seconde édition en fut publiée l'année suivante en vue du public [1].

---

[1] *Daïra*, histoire orientale en quatre parties. A Amsterdam, et se trouve à Paris, chez Bauche, libraire, quai des Augustins, *A l'Image Sainte-Geneviève;* 2 vol. petit in-12.

Les *Tableaux des Mœurs du temps dans les différents âges de la vie* sont bien autrement importants. La découverte qu'on en fit, après la mort du fermier général, excita un scandale assez plaisamment raconté dans les *Mémoires secrets,* à la date du 15 juillet 1763. Nous citons l'article : « Tout le monde sait que M. de la Popelinière visait à la célébrité d'auteur; on connaissait de lui des comédies, des romans, des chansons, etc.; mais on a découvert depuis quelques jours un ouvrage de sa façon qui, quoique imprimé, n'avait point paru : c'est un livre intitulé *Les Mœurs du siècle*, en dialogues. Il est dans le goût du *Portier des Chartreux.* Ce vieux libertin s'est délecté à faire cette production licencieuse. Il n'y en a que trois exemplaires existants. Ils étaient sous les scellés. Un d'eux est orné d'estampes en très-grand nombre ; elles sont relatives au sujet, faites exprès et gravées avec le plus grand soin. Il en est qui ont beaucoup de figures, toutes très-finies. Enfin, on estime cet ouvrage, tant pour sa rareté que pour le nombre et la perfection des tableaux, plus de vingt mille écus.

« Lorsqu'on fit cette découverte, mademoiselle de Vandi, une des héritières, fit un cri effroyable, et dit qu'il fallait jeter au feu cette production diabolique. Le commissaire lui représenta qu'elle ne pouvait disposer seule de cet ouvrage, qu'il fallait le concours des autres héritiers ; qu'il estimait convenable de le remettre sous les scellés jusqu'à ce qu'on eût pris un parti ; ce qui fut fait. Ce commissaire a rendu compte de cet événement à M. le lieutenant général de police, qui l'a renvoyé à M. de Saint-Florentin. Le ministre a expédié un ordre du roi, qui lui enjoint de s'emparer de cet ouvrage pour Sa Majesté ; ce qui a été fait. »

Depuis lors, il s'écoula un assez long espace de temps, pendant lequel on n'entendit plus parler de ce mystérieux exemplaire. Le *Manuel du Libraire,* de Brunet, dit qu'il passa en Russie ; il le signale dans le catalogue des livres précieux du prince Michel Galitzin, *Moscou,* 1820. « Unique exemplaire (ce sont les termes du catalogue), imprimé sous les yeux et par ordre de M. de la Popelinière, fermier général, qui en fit aussitôt briser les planches ; ouvrage érotique, remarquable par vingt miniatures de format in-4°, dont seize en couleur et quatre au lavis, de la plus grande fraîcheur et du plus beau faire, représentant des sujets libres. M. de la Popelinière est peint sous divers points de vue et d'après nature, dans les différents âges de la vie. C'est un ouvrage d'un prix infini, par cela même qu'il est le *nec plus ultra* de ce que peuvent produire le luxe et une imagination déréglée. Un vol. gr. in-4°, rel. en mar. r. » Brunet ajoute : « Cinq ans après la publication de ce catalogue, les livres précieux du prince Galitzin furent envoyés à Paris pour y être livrés aux enchères publiques. Les *Tableaux des Mœurs du temps* faisaient partie de cet envoi ; mais, ayant été vendu à l'amiable et à très-haut prix à un amateur français, cet ouvrage n'a pas dû être compris dans le catalogue des livres du prince russe, publié pour la vente qui s'est faite le 3 mars 1825. »

Il y a six ou sept ans, les *Tableaux des Mœurs du temps* appartenaient à M. J. Pichon, président de la société des bibliophiles, qui en avait refusé trois mille francs[1]. Nous sommes loin, comme on voit, de l'estimation des *Mémoires secrets*. On dit que quelques dessins ont disparu. Quant aux deux autres exemplaires, nous ne savons où ils ont passé ; peut-être ont-ils été détruits.

Nous indiquerons l'ordonnance de l'ouvrage de M. de la Popelinière, et nous en donnerons des extraits qui, sans alarmer la morale, initieront nos lecteurs à quelques-unes des habitudes de la vie privée au XVIIIe siècle.

---

[1] *Les Tableaux des Mœurs du temps* sont aujourd'hui la propriété d'un Anglais domicilié à Paris, M. Frédéric Hankey, dont le cabinet est un des plus somptueux qui existent.

II

Les *Tableaux* comprennent dix-sept dialogues, qui donnent l'histoire de la jeunesse et du mariage de mademoiselle Thérèse de Se....., jeune personne du meilleur monde.

PREMIER DIALOGUE. — Mère Christine, maitresse des novices et des pensionnaires du couvent de***; mademoiselle de Se....., pensionnaire sous le nom de Thérèse.

La mère Christine surprend Thérèse à sa toilette et lui reproche sa coquetterie; elle cherche à la retenir au couvent, en lui montrant les écueils de la société.

DEUXIÈME DIALOGUE. — Thérèse, la Gouvernante.

La gouvernante de Thérèse vient lui annoncer qu'on la marie avec le comte de ***. — Le comte de ***! s'écrie Thérèse; je n'en ai jamais ouï parler. Comment est-il fait?

La Gouvernante. — La femme de chambre de madame, à qui madame dit tout et qui ne me cache rien, m'a assuré que c'est un homme de grand mérite.

Thérèse. — Ah! je t'entends; c'est un vieux.

La Gouvernante. — Non; c'est un homme revenu de la première jeunesse, et voilà tout.

Thérèse. — Où penses-tu qu'il cherche à me voir? Je ne voudrais pas que ce fût à l'église ; il ne me distinguerait jamais dans ce chœur, parmi trente pensionnaires que nous sommes. N'y aurait-il pas moyen d'inspirer à ma chère maman de me faire venir dîner chez elle? M. le comte pourrait m'y voir à son aise, sans faire semblant de rien. Je t'assure bien que, pour moi, j'aurai l'air d'être sur tout cela d'une ignorance profonde, et qu'il ne se douterait seulement pas que j'eusse jamais entendu parler de lui.

La Gouvernante. — C'est-à-dire qu'il vous verrait gambader, sauter au cou de votre maman, avec votre gaieté et votre vivacité ordinaires.

Thérèse. — Assurément.

La Gouvernante. — Eh! voilà précisément ce qu'il ne faut pas.

Thérèse. — Quoi! est-ce que tu veux que je me contraigne?

La Gouvernante. — Oui, oui, et beaucoup. Vous ne connaissez pas les hommes : ce sont de drôles d'animaux. Nous ne les servons jamais si bien qu'en les trompant, parce qu'ils voient ordinairement la plupart des choses tout de travers ; et presque tout dépend de leur première impression. Un extérieur animé, une démarche légère, des yeux qui se laissent aller, ne leur plaisent pas à propos de mariage ; cela semble leur annoncer pour l'avenir une femme vive, inconstante, volage. Mais un maintien composé, un air timide et des regards abattus, mettent d'abord un prétendu à son aise, en ce qu'il lui semble qu'une fille qui se présente ainsi reconnaît déjà sa dépendance et lui réserve l'honneur de triompher de sa modestie.

Thérèse. — C'est donc à dire, ma bonne, qu'il faut que je m'étudie sur tout cela, jusqu'à ce que le mariage soit fait ?

La Gouvernante. — Oui, vraiment, mademoiselle.

Thérèse. — Mais le lendemain ?

La Gouvernante. — Oh ! le lendemain, ce sera une autre paire de manches; nous verrons cela.

La gouvernante achève de coiffer Thérèse.

TROISIÈME DIALOGUE. — Madame de Se....; Thérèse.

Madame de Se.... ne précède que de quelques minutes le comte de ***. Elle confirme les paroles de la gouvernante et donne à sa fille, sur la fortune de son futur, des détails où se trahissent les côtés positifs de la Popelinière : — C'est un homme de bonne maison; il n'a que trente-huit ans, il jouit des biens de feu son père. Ces biens, dont j'ai vu l'état, consistent en deux fort belles terres situées dans le Périgord, en rentes sur la ville et en actions. Tout cela lui compose plus de cinquante mille livres de rente, sans compter une maison à lui, bien étoffée, et où rien ne manque. — Vous êtes financier, monsieur Josse !

QUATRIÈME DIALOGUE. — M. LE COMTE DE ***, MADAME DE S....., THÉRÈSE.

Présentation. — Tenez, monsieur, voulez-vous m'en croire? abrégeons les révérences et surtout les compliments, qui vous mettraient tous deux fort mal à votre aise. Voilà ma fille que je vous présente au travers d'une grille; on vous a dit, dans le monde, qu'elle était si belle! Eh bien, voilà pourtant tout ce que c'est.

Ainsi parle, en femme d'esprit, madame de Se....., et le comte de riposter de son mieux. Thérèse se laisse baiser la main par la fenêtre du parloir, et l'on fixe à huitaine le jour des noces.

CINQUIÈME DIALOGUE. — AUGUSTE, THÉRÈSE.

Jusque-là l'oreille la plus inquiète ne trouverait pas à

reprendre un mot à ces entretiens. Mais il ne va pas en être ainsi désormais, et notre analyse sera maintes fois obligée de s'abstenir. Voici, par exemple, mademoiselle de Ri....., appelée Auguste par ses camarades; mademoiselle Auguste est une égrillarde, qui en sait long sur la vie de couvent; nous ne la suivrons pas dans ses révélations indiscrètes. Le bout des cornes du satyre commence à percer chez la Popelinière.

SIXIÈME DIALOGUE. — LE MARQUIS, THÉRÈSE, AUGUSTE.

Le marquis est un petit échappé de collége, cousin de mademoiselle Auguste. On tire le verrou, et l'on joue à la main chaude. *Proh pudor!*

SEPTIÈME DIALOGUE. — THÉRÈSE, LA GOUVERNANTE.

LA GOUVERNANTE. — Enfin, mademoiselle, le voilà ce grand jour! Il faut songer à vous habiller.

THÉRÈSE. — Ah! ma bonne, je n'en ai pas dormi de toute la nuit. Cela me trouble l'esprit. Je frémis en pensant que ce soir même un homme va m'emmener chez lui pour y vivre selon ses volontés. Eh! qui sai-si j'y serai bien ou mal, et comment les choses ourneront!

La Gouvernante. — Vos réflexions ne sont pas hors de saison : j'ai appris des particularités.....

Thérèse. — Ah! ma bonne, qu'est-ce qu'on t'a dit? Apprends-moi vite!

La Gouvernante. — C'est quelque chose qui ne vous plaira pas, et qu'il est bon, je crois, pourtant, que vous sachiez.

Thérèse. — Eh bien? eh bien donc?

La Gouvernante. — C'est que monsieur le comte de*** a une maîtresse.

Thérèse. — Une maîtresse! Ah! que dis-tu?

La Gouvernante. — Oui, qu'on dit même être fort jolie.

Thérèse. — Ah! ma bonne, il ne m'aimera sûrement point, et je serai malheureuse!... Et quelle est donc cette maîtresse, qu'on dit si jolie?

La Gouvernante. — Une demoiselle de l'Opéra, et c'est là le fâcheux.

Thérèse. — Comment? Explique-toi donc.

La Gouvernante. — C'est qu'il fait pour elle de fort grosses dépenses; et vous ne savez pas encore que des demoiselles de l'Opéra sont des ruine-maisons.

Thérèse. — Ma bonne, que m'apprends-tu? J'en suis confondue. Quoi! monsieur le comte, qui, depuis huit jours, vient au couvent m'assurer de sa tendressse et me marquer ses empressements, monsieur le comte est un homme à maîtresse ?... Ah! que vais-je devenir ?

La Gouvernante. — Quelquefois ce n'est pas un si grand malheur : c'est suivant le caractère des gens. Il y en a qui ont des maîtresses et qui ont le bon esprit d'en dédommager leurs femmes par de grands égards et de bonnes façons ; mais il y en a aussi que ces sortes d'amours ne rendent que plus insupportables dans leur domestique. A tout prendre, il en revient toujours une petite consolation, parce qu'en général les femmes ont beaucoup plus de liberté avec ces hommes-là qu'avec ceux qui prétendent faire ce qu'on appelle un bon ménage.

HUITIÈME DIALOGUE. — Madame de Se...., la Comtesse.

Le mariage a eu lieu. Thérèse est devenue la comtesse, et c'est sous ce nom qu'elle sera désignée dorénavant. Elle fait à sa mère ses confidences de nouvelle mariée. La mère rit beaucoup.

NEUVIÈME DIALOGUE. — Monsieur le Comte de***, Chonchette.

Nous sommes introduits chez cette demoiselle de l'Opéra, dont il vient d'être parlé. Il y a un mois que le comte ne l'a vue; la scène est très-bien faite. Ce sont d'abord des reproches, des menaces, et puis de l'attendrissement.

Chonchette. — Nous passions d'heureux moments, avouez!

Le Comte. — Il est vrai.

Chonchette. — Vous voilà, à cette heure, avec une femme; en êtes-vous mieux?

Le Comte. — Ma foi, non!

Le comte lui promet de lui continuer sa pension, et pour faire la paix il lui passe un diamant au doigt. En outre, il lui donne cinquante louis pour achever de payer un meuble en vraie perse. Ce n'est pas tout.

Chonchette. — Attendez donc! vous êtes si pressé de me quitter! Tenez, remplissez au moins ma tabatière avant de partir; je n'aime de tabac que le vôtre... Ah! petit père, la belle boîte que vous avez là! elle est, Dieu me pardonne, de pierre précieuse. Que je la voie donc! Qu'elle est bien montée! C'est admirable!

Le Comte. — C'est une pierre d'émeraude; ma mère m'en a fait présent l'autre jour.

Chonchette. — Je n'aimerais point ces sortes de tabatières-là pour mon usage; on croit toujours que ça va se casser. Cependant... Il me vient une idée : ce serait que vous voulussiez bien me la prêter seulement pour ce soir, afin de m'en donner des airs à souper.

Au moins, ne comptez pas que je veuille vous la garder plus de vingt-quatre heures, car je n'en ai que faire, moi.

Le Comte. — Mais, ma petite, puisque tu n'en as que faire !

Chonchette. — Ah! c'est-à-dire, monsieur, que vous avez peur de me la confier; que vous craignez que je ne la casse, ou même que je ne la garde. Vous avez raison, monsieur, d'en user de cette manière; cela m'apprendra à vivre, je vous le promets.

Le Comte. — Tiens, folle, prends-la; garde-la deux jours si tu veux.

Chonchette. — Non, monsieur, vous êtes dans la défiance.

Le Comte. — Ce n'est pas cela, c'est que je suis embarrassé; que dire à ma mère, qui voit que je m'en sers depuis qu'elle me l'a donnée ? Mais tu la veux pour t'en divertir ce soir, et je te la confie de tout mon cœur.

Chonchette. — Non, monsieur, je suis trop vive et trop étourdie ; elle se casserait entre mes mains.

Le Comte. — Je compte bien que tu y prendras garde... Serre-la dans ta poche.

DIXIÈME DIALOGUE. — Chonchette, Minutte.

Minutte est une élève de Chonchette, une petite

niaise que celle-ci s'attache à dégourdir; l'interrogatoire qu'elle lui fait subir est assez curieux.

— Comment ton robin en agit-il avec toi ? lui demande-t-elle.

Minutte. — Mais... pas trop bien.

Chonchette. — As-tu toujours ce lit de serge?

Minutte. — Mon Dieu, oui, mademoiselle.

Chonchette. — Et cette vilaine tapisserie de Bergame?

Minutte. — Mon Dieu, oui! Il me promet bien du damas; mais ça ne vient pas.

Chonchette. — Il faut le quitter; qu'est-ce que ça signifie?

Minutte. — Il dit que son père ne lui donne point d'argent.

Chonchette. — Belle raison! Il faut qu'il en emprunte.

Minutte. — Ainsi fait-il; mais il ne trouve pas tout ce qu'il voudrait, parce que, dit-il, on n'a point de confiance aux jeunes gens.

Chonchette propose à Minutte de prendre du café au lait avec elle.

Minutte. — Très-volontiers.

Chonchette. — Mon laquais est en commission, mais n'importe... Hé! ma mère!...

La Mère. — Eh ben! qu'est-ce qui gnia?

CHONCHETTE. — Faites-nous du café au lait tout à l'heure.

Nous nous trouvons en présence de cette terrible mère de courtisane, la même dans tous les temps, et que la Popelinière a dû rencontrer bien des fois, en effet, sur le chemin de ses folies amoureuses. Le *qu'est-ce qui gnia* et le café au lait nous rapprochent des caricatures de Daumier et des vaudevilles du Palais-Royal. Ce n'est qu'une indication, mais elle est précise et brûlante.

ONZIÈME DIALOGUE. — MADEMOISELLE AUGUSTE DEVENUE MADAME DE RASTARD; MADAME DODO.

A présent, c'est au tour de la marchande à la toilette, madame Dodo, qui vient proposer à madame de Rastard, encore au lit, des pommades de Naples et de Florence, avec des essences de cédrat et de bergamote à l'ambre, des fleurs d'Italie et mille brimborions. Revendeuse à la toilette, au XVIIIe siècle on savait ce que cela voulait dire; aussi madame Dodo ne tarde-t-elle pas à faire connaître le principal objet de sa visite : il s'agit d'un rendez-vous à accorder, et madame de Rastard, dont nous avons laissé entrevoir les mœurs complaisantes, consent à se rendre le lendemain soir dans un petit jardin dont la porte s'entr'ouvrira sur les onze heures.

DOUZIÈME DIALOGUE. — Madame de Rastard vêtue en garçon, madame Dodo.

Suite du précédent. Dans le jardin.

TREIZIÈME DIALOGUE. — Madame de Rastard, toujours vêtue en garçon et couchée sur l'herbe; le beau-fils de madame Copen, déguisé avec les habillements de sa belle-mère.

Impossible à indiquer.

QUATORZIÈME DIALOGUE. — La Comtesse de***, Montade.

Nous revenons à Thérèse, c'est-à-dire à madame la comtesse; son mari est sorti, et l'ami de la maison arrive. Jeune, beau, et suffisamment éloquent pour combattre les scrupules d'une pensionnaire à demi émancipée par le mariage, M. de Montade n'a pas de peine à supplanter le comte de***, toujours absent, toujours courant. Néanmoins, il n'en est encore qu'aux menues faveurs; on lui permet de ramasser le soulier et de baiser le pied. — Si vous saviez, dit-il, quand je vous entends courir sur votre parquet, combien le bruit clair de vos mules est doux à mon oreille! Quand je la prends, cette mule, que je vous la mets ou vous l'ôte, il me prend une sorte de saisissement presque égal à celui que l'on sent quelquefois quand on rencontre, sans y penser, du velours sous sa main, ou quand on cueille une pêche couverte de son duvet.

Quoi qu'il en soit, Montade se laisse petit à petit emporter par son amour; et, dans une scène habilement conduite, plus humaine et plus pratique que les scènes de Crébillon fils, il finit par manquer de respect à madame la comtesse. C'est dans ce moment qu'on entend le mari frapper à la porte, selon la coutume éternelle.

— Mon mari! s'écrie-t-elle; je suis perdue! il nous soupçonnera... Seyez-vous dans ce fauteuil... ne bougez pas... prenez un livre et lisez tout haut.

QUINZIÈME DIALOGUE. — MONTADE
LE COMTE ET LA COMTESSE DE***.

Le comte entre, comme un mari de l'époque et de toutes les époques, joyeux, se frottant les mains; il dit bonjour à Montade, il s'informe du livre qu'on lit. C'est *Gulliver*. — Oh! oh! j'en fais cas; il renferme une bonne philosophie et déguisée fort plaisamment.

Cependant, au bout de quelques tours dans la chambre, il trouve que sa femme fait un très-maussade visage à Montade; il l'en réprimande durement. — Madame, avez-vous la fièvre chaude ? Que veut dire ceci ? Qu'est-ce que monsieur vous a fait ? Prétendez-vous le rebuter de venir ici, comme vous avez rebuté déjà cinq ou six de mes anciens amis et de mes plus intimes ?

La querelle se prolonge ainsi pendant un quart d'heure; après quoi, avec ce tact particulier aux époux, le comte de*** force sa femme à embrasser Montade. Tous les trois passent dans la salle à manger, où le souper est servi.

SEIZIÈME DIALOGUE. — La Comtesse, Montade.

Montade triomphe entièrement de la comtesse.

DIX-SEPTIÈME DIALOGUE. — La Comtesse, madame de Rastard.

Ce dialogue, le dernier, est le plus curieux et le plus spirituellement observé au point de vue des véritables mœurs du temps. Les deux anciennes amies de couvent échangent des confidences sur leur position nouvelle et sur leurs relations dans le monde.

— A propos, vous savez *qu'on vous donne* Montade ? dit madame de Rastard à la comtesse.

Celle-ci se défend de son mieux, mais sans succès ; et madame de Rastard lui apprend qu'elle figure déjà sur *des listes*.

La Comtesse. — Comment ! sur des listes ?

Madame de Rastard. — Eh ! vraiment, oui. Est-ce qu'ils ne font pas tous des listes vraies ou fausses des femmes qui leur ont passé par les mains ?

La Comtesse. — Quelle perfidie !

Madame de Rastard. — Eh ! bons dieux ! ne me suis-je pas vue, moi, sur celle d'un petit agréable à qui je n'avais seulement pas donné ma main à baiser ?

La Comtesse. — Mais sur quoi en faisait-il au moins voir l'apparence ?

Madame de Rastard. — Sur quoi ? sur trois ou quatre lettres qu'il m'avait écrites, en présence peut-être de quelque ami, mais auxquelles pourtant je n'avais fait nulle réponse ; sur l'air libre et dégagé avec lequel il était venu chez moi ; sur un ton de plaisanterie et de familiarité que je lui passais sans y prendre garde ; que sais-je ? sur quelques soupers où on l'avait vu se faire de la maison et servir tout le monde, comme si je l'eusse chargé de faire les honneurs de ma table.

Voici un autre trait, fort plaisant, et qu'on chercherait vainement ailleurs que dans l'ouvrage de la Popelinière.

La Comtesse. — Cela me rappelle que j'ai remarqué

dernièrement un de ces petits messieurs-là, au balcon de l'Opéra, qui ne cessa point de me regarder et de me fixer pendant tout le temps du spectacle, et que j'en fus même embarrassée.

Madame de Rastard. — Eh bien, pendant qu'il vous faisait cet honneur-là, il en faisait peut-être lorgner une autre par son valet de chambre, avec une lettre passionnée à cette autre femme, pour lui persuader que c'est par un excès de discrétion et de réserve qu'il n'a pas osé se faire remarquer en la lorgnant lui-même; de façon qu'elle lui sera fort redevable d'avoir été lorgnée par son valet.

Plus loin, l'experte madame de Rastard demande à la comtesse si elle a un habit d'homme.

La Comtesse. — Un habit de cheval? Non, je n'en ai point.

Madame de Rastard. — Tant pis; il faut vous en faire faire incessamment : habit, veste et culotte. Je vous enverrai mon tailleur.

La Comtesse. — Mais je n'aime guère à monter à cheval.

Madame de Rastard. — Ni moi non plus, mais qu'est-ce que cela fait? On s'habille toujours, on fait un tour d'allée; c'en est assez pour descendre et pour demeurer le reste du jour dans ce déguisement, dont les hommes sont fous.

La Comtesse. — Mettez-vous cet habit-là souvent?

Madame de Rastard. — Sans doute. On en est cent fois plus jolie et plus piquante. Si vous rencontriez madame d'E... dans cet équipage, indolente et langoureuse comme vous la voyez dans son état naturel, vous ne la reconnaîtriez point du tout. Avec sa taille dégagée, ses cheveux tressés de rubans jaunes, son petit chapeau à plumet retapé, ce n'est plus une femme, c'est un petit garçon, joli à manger, et qu'on prendrait pour un petit vicieux, tant elle devient vive et hardie.

Avant de s'en aller, madame de Rastard prête à la comtesse un petit volume intitulé *Histoire de Zaïrette*.

C'est par cette histoire, assez étendue, que se terminent les *Tableaux des Mœurs du temps*. Il y est encore question de l'Orient et des sérails. Zaïrette est « fille de la Fortune et de l'Amour, c'est-à-dire d'un homme opulent et d'une actrice de théâtre. » Ce sont les expressions de la Popelinière; elles nous donnent à penser qu'il pourrait bien y avoir quelque petite vengeance sous ce récit. S'agirait-il d'une fille de mademoiselle Gaussin, la *Zaïre* de Voltaire?

De Paris, où elle est née, Zaïrette, par une suite d'aventures romanesques, se trouve transportée dans l'empire du Karakatay pour servir aux amusements de l'empereur Moufhack. Ces amusements, ou plutôt ces orgies, sont rendus avec une ardeur et un soin qu'on ne saurait concevoir. Mais le but est dépassé : la lassitude et le dégoût s'emparent du lecteur et l'empêchent de prendre à cette accumulation de fresques licencieuses l'intérêt que lui avaient arraché les *dialogues*.

BIBLIOTHÈQUE GALANTE

Les catalogues ont quelque chose en eux d'irritant, non pour le bibliophile, mais pour le simple amateur, pour le public. Ils excitent au plus haut point la curiosité, et ils ne la satisfont pas. Ils précisent le titre d'un livre, la date de sa publication, ils ajoutent même : *Fort piquant*, ou *rarissime*, mais c'est tout. De sorte que celui à qui, pour une cause ou pour une autre, échappe un ouvrage longtemps poursuivi ou convoité, peut se trouver pendant des années entières en proie aux tortures de l'inconnu. Nous avons essayé de faire comprendre comment nous désirerions que fût rédigé un catalogue.

L'époque que nous avons choisie est la fin du xviii^e

siècle, d'abord parce que c'est celle que nous avons le plus étudiée, ensuite parce que c'est celle qui offre l'amas le plus considérable de livres bizarres et presque ignorés aujourd'hui. Nous nous sommes borné aux romans, genre de production voué fatalement à tous les caprices de la mode; et surtout aux romans anonymes, qui, écrits en dehors de bien des conventions, souvent aussi des bienséances, décèlent plus que tous les autres les courants d'idée d'un siècle. Toute cette période enragée de volupté et d'esprit, comprise entre *Angola, histoire indienne,* et *Aline et Valcour, roman écrit à la Bastille,* nous avons tâché de la faire revivre dans la plupart de ses œuvres satiriques et clandestines, mais possibles.

Il ne faut jamais que la manifestation imprimée d'un homme, quelle qu'elle soit, se perde entièrement. Tout ce qui peut s'analyser ou s'extraire d'un ouvrage galant, nous l'avons analysé, nous l'avons extrait. Après cela l'ouvrage peut s'épuiser, disparaître, il n'en restera que ce qui devait en rester. Les esprits chercheurs iront bien encore au delà, mais la masse des lecteurs n'aura plus à s'inquiéter de ces matières, et ceux que tourmentent les titres des livres (il y en a beaucoup) seront apaisés.

Crébillon fils, Voisenon, du Laurens, sont connus suffisamment, ou peuvent l'être. Il devenait donc inutile de mentionner le *Hasard du coin du feu,* le *Sultan Misapouf,* le *Compère Mathieu,* etc. Ce n'est que tout autant qu'un roman est obscur ou rare que nous l'admettons dans notre *Bibliothèque.* Nous ne vulgarisons pas, nous initions.

I

L'ENFANTEMENT DE JUPITER, OU LA FILLE SANS MÈRE

Deux parties. A Amsterdam, 1743.

« Je ne prends point pour modèle de l'histoire de ma vie la sage *Paméla,* qui avait père et mère, ni la prude *Cécile,* qui se console aisément de découvrir l'un et l'autre au sein d'une union illustre, mais illégitime; je ne prends point pour original ni la *Paysanne* à vertus postiches, ni la *Marianne* au vernis philosophique; la vérité ne me plaît que dans la nudité. Trois femmes du faubourg Saint-Marceau, à Paris, se sont disputé entre elles la gloire de m'avoir donné le jour. L'une était une vivandière, veuve de garnison, blanchisseuse de son métier; l'autre, une domestique galante d'un vieux maître d'hôtel retiré du service; la dernière enfin, et celle qui m'a élevée, était ravaudeuse de profession, tenant une cuisine volante à côté d'un de ces petits arsenaux de gardes-françaises que le vulgaire appelle *corps de garde,* mais dont le bel esprit et l'oreille délicate ne peuvent souffrir l'expression. Elle s'appelait Margot, mais elle était bien mieux connue sous celui de *madame des Pelotons,* qu'elle se donnait. » Par ce début, on jugera de l'allure entière de l'ouvrage et des mœurs un peu basses qu'il met en jeu. Néanmoins on y remarque une certaine verve d'intrigue, beaucoup de naturel dans les figures, une franchise de ton qui est mieux que de la trivialité, qui est peut-être de l'observation. En ce qui concerne les expressions, elles n'ont rien qui puisse faire sonner l'alarme à la pudeur et sont aussi chastes que dans *Manon Lescaut.*

Junon (le nom surprend dans une fille de ravaudeuse) est une jolie petite personne, blonde sans être fade, l'œil bien ouvert, *le nez bien tiré,* les dents du plus bel émail du monde ; il fait beau la voir dans ses ajustements du dimanche, c'est-à-dire coiffée d'un *cabriolet* charmant, avec un fichu de gaze, un collier de cailloux du Médoc et une paire de mitaines de soie à jour, avec les bracelets à boucles pour les retenir au bras. Il n'y a donc rien de surprenant à ce qu'elle ait donné dans l'œil d'un beau soldat nommé *l'Amour ;* cette intrigue serait même poussée grand train, s'il ne survenait un heureux changement dans la fortune de madame des Pelotons : un de ses adorateurs, le père supposé de l'héroïne, est nommé sergent de compagnie, et il croit de sa nouvelle dignité de tenir à la ravaudeuse le discours suivant, plein de couleur et d'empire :

« — Déterminez-vous, madame, à quitter cette chambre ; je viens de louer un très-bel appartement, au troisième étage, dans la rue de la Mortellerie, qui est composé de deux chambres et d'un petit cabinet. Je l'ai fait tapisser, l'une de la plus belle bergame que j'ai trouvée chez les fripiers du faubourg Saint-Antoine ; l'autre est meublée de ces jolies tapisseries de la Porte ; ce sera là notre salle de compagnie, et le cabinet attenant sera la chambre de ma petite Junon. Il ne faut plus parler de parties de guinguette, mais de ces repas que l'on fait venir de chez le traiteur ; nous ne serons pas loin de la *Clef d'Argent,* où l'on est fort bien traité à vingt-cinq sols par tête. Ne parlez plus de jouer à la boule, à l'*as qui court* et à tous ces jeux qui ne se jouent que dans les maisons obscures ; mais à la *briscambille* et au *bonhomme* au liard la fiche. Vous aurez l'habit de taffetas en été, le damas en hiver ; surtout soyez bien chaussée, et que vos bas ne tombent pas sur vos talons. »

Cela vaut une harangue de Nestor.

Dans ce nouvel équipement, la famille des Pelotons s'en va demeurer chez un M. Ruinard, procureur, qu'elle gruge à qui mieux mieux. Il y a là, décrites avec une science amusante, des ripailles bourgeoises qui sentent la fricassée, le ratafia, l'eau-de-vie d'Andaye. M. Ruinard laisse pieds et ailes aux mains de nos aventurières, qui s'envolent de là dans une sphère plus élevée, sinon plus pure. Junon fait tant et si bien qu'elle épouse un chevalier du Catel ; mais la famille du chevalier fait casser cette union disparate. Comme un mari est cependant indispensable à l'héroïne pour couvrir son commerce de galanterie, elle convole en secondes noces avec le comte de la Fère, un drôle assez bien représenté dans ce peu de lignes : « Un grand jeune homme bien fait, les plus beaux yeux du monde, s'énonçant d'un air un peu à la grenadière, mais qu'un ton un peu soutenu déconcertait, filant l'amour à la romanesque, souvent entreprenant, singe des petits-maîtres, se vantant de sa bravoure, mais qu'une épée nue aurait fait rentrer dans le néant, racontant ses aventures, se croyant aimé des femmes, les apostrophant par leur nom, surnom et qualité, sans avoir jamais parlé à aucune, d'un génie fort borné et mari commode ; d'ailleurs peu ou point fortuné, traînant son talon rouge dans les boues de Paris. »

Et puis des enlèvements, un voyage en Hollande, un séjour au couvent, des scènes de jeu, la police et la Conciergerie ; vous connaissez le roman aussi bien que moi. En ce temps-là on ne savait pas ce que c'était que l'action *une* et charpentée; Le Sage lui-même ne le savait pas; on ne faisait que des récits d'aventures, se modelant en cela sur le train réel de la vie. Un détail assez original dans *L'Enfantement de Jupiter* (je ne sais pas trop pourquoi cela s'appelle *L'Enfantement de Jupiter!*), c'est l'histoire d'un conseiller qui est amoureux seulement du coude de Junon, et qui, pour se procurer le délice de le voir et de le baiser de temps en temps, fait en six mois une dépense de vingt-cinq mille livres; encore remarquez que, de l'avis même de Junon, ce coude est fort pointu, et que lors de la première manifestation des fantaisies du conseiller, elle le lui avait poussé si fort contre les dents qu'elle lui en avait ébréché trois ou quatre.

Au milieu de ce terrain malsain, on rencontre, comme je l'ai dit et comme on l'a vu, des parties bien traitées, surtout celles qui sont relatives aux gens de finance. On se divertit principalement aux façons galantes d'un fermier général qui transporte dans une déclaration les expressions de ses calculs : « — Ah! million de mon âme! fonds le plus précieux! trésor admirable! chiffre charmant! que vos droits de présence charment mon cœur! Aimez-moi un peu, tarif séduisant. Jamais prise de corps contre nos fraudeurs ne m'a tant flatté que me flatterait celle que j'imposerais sur votre adorable total! »

D'après la marotte des romanciers d'alors, qui infligeaient toujours un dénoûment moral, quelque forcé qu'il fût, à leurs productions, et qui prétendaient faire ressortir un enseignement de leurs écarts, Junon, après avoir brillé au premier rang des constellations suspectes de Paris, se retire définitivement *du monde* et va achever une existence dégagée de soucis dans une maison de campagne où elle ne reçoit plus que quelques voisins, son avocat et M. le curé.

Quelques critiques des systèmes de Jean-Jacques Rousseau sur l'éducation se mêlent étrangement à cet ouvrage, qui a pour auteur Huerne de la Mothe.

Dans le catalogue de Pixérécourt (1838), page 169, n° 1263, se trouve mentionné un livre intitulé : « *Histoire nouvelle de Margot des Pelotons, ou la Galanterie naturelle.* Genève, 1776 ; deux parties en un vol. in-8°. » Il est supposable que c'est le même que *L'Enfantement de Jupiter, ou la Fille sans mère.*

II

MÉMOIRES TURCS

Avec l'histoire galante des principaux personnages qui composaient la suite de Saïd-Effendi, ambassadeur extraordinaire du Grand Seigneur, pendant leur séjour en France, par Achmet-Dely-Azet, bacha à trois queues. Deux parties; à Paris, lus et approuvés par l'approbateur général du Grand Seigneur, et réimprimés par ordre de Sa Hautesse; 1743, titre noir et rouge.

La première moitié de ces mémoires se passe en Turquie, la seconde en France ; cette seconde moitié est la plus piquante, en ce qu'elle traite de nos usages et qu'elle raille assez agréablement notre frivolité. Citons cette sortie contre les *paniers :*

« Zulime ne pouvait se résoudre à mettre un panier, malgré toute la bonne grâce qu'on prétend que cela donne au beau sexe. Comme nous étions à disputer à ce sujet, un jeune abbé frisé par les mains des Grâces entra; cet homme divin nous fut d'un grand secours. Il commença par faire le panégyrique des paniers en des termes qui engagèrent Zulime à se laisser enfin emprisonner dans ce triple cercle. — Mais il me semble que je ne pourrai passer nulle part, disait-elle. — Vous vous tournerez de côté, madame, reprenait l'abbé, ou, embrassant votre panier comme une idole, vous le ferez passer le premier et vous entrerez ensuite. Quand vous serez obligée de vous asseoir en compagnie, si ce sont des messieurs qui se trouvent à vos côtés, vous jetterez sans façon votre panier sur leurs genoux, en sorte qu'on ne voie que trois têtes et leur buste sortir d'un même corps. Si ce sont des dames et que l'appartement soit petit, pour lors les paniers se croisent et l'on est environ un quart d'heure à les arranger : la duchesse couvre la comtesse, la comtesse éclipse la marquise, et ainsi de suite. Voilà l'usage. »

Malgré quelques passages dans ce ton, je ne me rends pas compte de l'engouement dont les *Mémoires turcs* furent longtemps l'objet. Le nombre des éditions s'est élevé à plus de douze. Je serais tenté d'attribuer cette vogue à une *Épître dédicatoire à mademoiselle Duthé*, que l'auteur ajouta sur les éditions suivantes, et qui est effectivement un joli morceau de persiflage.

Un des épisodes de la première partie a fourni à Dumaniant le sujet d'une comédie en un acte et en vers, représentée en 1787 sur le théâtre du Palais-

Royal, et intitulée *La Loi de Jatab, ou le Turc à Paris*. Cette pièce était jouée par Michelot, Bordier, Saint-Clair, mademoiselle Forest et Dumaniant lui-même.

L'auteur des *Mémoires turcs* est Godard d'Aucour fermier général.

III

GRIGRI

Histoire véritable traduite du japonais en portugais, par Didaque Hadeczuca, compagnon d'un missionnaire à Yendo, et du portugais en français par l'abbé ***, aumônier d'un vaisseau hollandais, dernière édition, moins correcte que les premières. Epigraphe : « *Ridiculum acri fortius et melius magnas plerumque secat res.* Hon. lib. 1, sat: 10. » Deux parties ; à Nangazaki, de l'imprimerie de Klnporzenkru, seul imprimeur du très-auguste Cuho, l'an du monde 59749.

Je ne sais pas si je suis conformé autrement que mes lecteurs, mais il me semble que toute l'énorme fantaisie déployée dans ce titre est chose bien répugnante, bien indigeste. Telles furent pourtant les formules adoptées après la vogue des romans turcs et chinois de Crébillon le fils, qui lui-même avait donné, mais plus sobrement, dans ce système de plaisanterie. Grigri est un adolescent timide qui brigue la main de la reine Amétiste. Pour le faciliter dans ses prétentions, une fée, sa marraine, lui a fait cadeau d'une montre merveilleuse qui sonne toutes les fois qu'il s'apprête à dire quelques sottises, et d'un anneau qui lui serre le doigt toutes les fois qu'il est sur le point d'en faire. On voit d'ici les scènes embarrassées et comiques qui découlent de ce point de départ. *Grigri* serait d'une lecture supportable, si la chasse à l'ingénieux n'y était pas poursuivie avec une persistance qui n'aboutit souvent qu'au forcé et à l'inintelligible. Ce défaut enlève toute portée aux situations un peu libres que l'auteur a prétendu y représenter.

IV

THÉMIDORE

La Haye, 1745.

Pimpante fantaisie, que M. Jules Janin nous a rendue un jour dans la *Revue de Paris*, commentée et abrégée sous le titre de *Rosette*. *Thémidore* est écrit avec une plume de véritable gentilhomme, frétillante, parfumée, à demi mythologique, effleurant tout et dépassant le pastiche à force de bel air et d'impertinente individualité. Cela ne se raconte guère; tout au plus peut-on déranger quelques colifichets, quelques brins de cet échafaudage riche et mignon. Essayons d'un portrait :

« Rozette était sans paniers, avec le plus beau linge du monde, une chaussure fine et une jambe dont elle savait tirer mille avantages. — Le président dort, s'écria-t-elle, veillons! Et puisque le dessert a été réservé pour mon arrivée, tâchons qu'il n'en reste rien. Nous suivîmes son avis. Une heure se passa à badiner, à faire partir des bouchons, à casser des verres et quelques porcelaines. C'est le goût de ces femmes. Depuis le départ des officiers pour l'armée, elles se plaisent dans les soupers où l'on fait carillon ; elles trouvent un esprit infini à briser un miroir ou une table, à jeter des chaises par les fenêtres. Rozette et Argentine firent l'amusement du repas par une infinité de chansons plus jolies les unes que les autres, qu'elles débitaient à l'envi. Laurette excitait à boire et faisait circuler la joie avec la mousse qu'elle excitait dans les verres. »

Ces petites phrases, dont la plus étendue ne comporte jamais six lignes, brillantes, mesurées, faites de mots choisis et dont aucun ne sort de la situation, ces petites phrases caractérisent on ne peut mieux le genre de littérature érotique et de courte haleine dont nous nous occupons. L'esprit, la volupté, la seconde jeunesse, ne s'expriment effectivement qu'à petits traits délicats et précis ; ils fuient la grande période cadencée, le tour abondant et orné d'incidentes.

Le lendemain de ce *carillon*, Thémidore, qui est un jeune conseiller au parlement, se fait descendre de carrosse à deux pas du Luxembourg, et arrive en chaise à porteurs chez la divine Rozette. Il la trouve coiffée en négligé, avec un désespoir couleur de feu, un corset de satin blanc et une robe brodée des Indes.

Comme il sait qu'elle aime à faire des nœuds, il lui offre une navette garnie d'or; ce cadeau et une cour empressée finissent par fléchir Rozette, qui n'est prude que par accès. La lune de miel de ces deux amants s'éternise pendant quarante-huit heures, au bout desquelles le père de Thémidore, inquiet de ne pas le voir rentrer, se décide à mettre la police en mouvement. On retrouve d'abord le fiacre qui l'a conduit, et, sur les indications qu'on arrache à son ivresse, on arrive après trois jours dans une petite maison à grande porte jaune du quartier de l'Estrapade, où Thémidore et Rozette oubliaient le cours des heures.

« L'Aurore, montée sur son char de pourpre et d'azur, ouvrait dans l'Orient les portes du jour, et les oiseaux commençaient leurs concerts amoureux, » lorsqu'un commissaire et un exempt ébranlent de leurs coups redoublés la grande porte jaune. Thémidore essaye vainement de la résistance ; il est ramené par le commissaire à la maison paternelle, pendant que l'exempt, escorté du guet, conduit Rozette à Sainte-Pélagie.

On pourrait croire, d'après cet épisode, que le roman va tout à coup au larmoyant ; mais on est bientôt détrompé. Thémidore accorde cependant quelques jours à sa douleur ; il fait les choses en conscience et va jusqu'à repousser la nourriture qu'on lui offre. Après quoi, il demande des consolations aux filles de boutique de madame Fanfreluche, cour Dauphine; puis à une noble demoiselle picarde, mademoiselle des Bercailles; ensuite à une jeune veuve, la dévotion même, qui a de l'esprit, du bien, des grâces, et qui répand dans tout le Marais la bonne odeur de sa charité. « Elle avait eu la bonté de me mener aux sermons du père Regnault, à ces sermons qui se prêchent aux extrémités de Paris, et pour lesquels on choisit exprès une petite église, afin d'y faire foule. » Thémidore se laisse conduire partout; mais le lieu qu'il affectionne le plus particulièrement, c'est le boudoir de la dévote. Il y revient sans cesse, et la description qu'il en donne justifie pleinement sa prédilection.

« Un matin, quoique en robe du Palais, j'allai lui rendre visite, excusant mon habillement sur la passion que j'avais de lui faire ma cour. Elle me reçut à sa toilette; les dévotes en ont une moins brillante que celle des coquettes du monde, mais mieux composée. Les odeurs qui remplissaient les boîtes n'étaient pas fortes et en grande quantité, mais elles répandaient un parfum suave qui embaumait légèrement la chambre. Son linge de nuit, garni d'une petite dentelle, était travaillé avec goût; sa robe de persé, son jupon de satin piqué, ses bas extrêmement fins, ainsi que sa chaussure, enfin tout son déshabillé accompagnait bien sa taille et sa figure. Tandis qu'on nous préparait le chocolat, je m'approchai d'elle et cueillis mille baisers sur ses belles mains. »

On ne niera pas le fini et le voluptueux de ces détails. Thémidore est un jeune homme qui entre dans la vie et qui s'imagine souvent que le plaisir est une découverte de son invention. Au milieu de ses occupations, il n'oublie pas la séduisante Rozette; il emprunte à un abbé de ses amis, docteur en Sorbonne, une soutane, un manteau long, un rabat, et, ainsi déguisé, il s'introduit auprès d'elle dans le parloir Saint-Jean. La pauvre fille commençait à faire d'assez tristes réflexions sur les conséquences des lunes de miel illicites. Il finit par obtenir son élargissement, sous promesse de ne plus avoir de relations avec elle. « Depuis ce temps, cher marquis, selon que je l'ai promis à mon père, je ne l'ai point vue d'habitude, excepté les quinze premiers jours. Cette fille est rentrée en elle-même, j'ai contribué à son arrangement. Comme elle avait une douzaine de mille francs, elle s'est établie et a épousé un marchand de la rue Saint-Honoré, riche, sans enfants, qui l'a prise pour compagne. Elle est maintenant attachée à son commerce et heureuse avec son mari. C'est une union de gens qui ont vu le monde. Je la vais visiter quelquefois et je suis avec elle comme avec une amie; je l'estime même assez pour ne plus lui parler de galanterie. »

Ce dénoûment fort tranquille et de la plus naïve immoralité est entièrement dans les mœurs du xviiie siècle.

L'auteur est Godard d'Aucour, mieux inspiré que dans les *Mémoires turcs*. Le président Dubois, s'étant reconnu à quelques traits de *Thémidore*, fit mettre le libraire (Mérigot) à la Bastille, n'y pouvant mettre l'auteur.

V

MÉMOIRES DE M. DE VOLARI, OU L'AMOUR VOLAGE ET PUNI

Deux parties, à la Haye, 1746.

Livre bête comme chou. M. de Volari aime Finette, la nièce d'un petit ecclésiastique ; après l'avoir rendue mère, il la quitte pour une donzelle dont il a fait la rencontre en Provence. Un jour qu'il trouve cette belle occupée sur le seuil de l'auberge à regarder les passants, il lui décoche ce madrigal longuement et péniblement enroulé : « En vérité, madame, vous n'avez guère de charité pour votre prochain; l'amour, qui est en embuscade dans vos beaux yeux, va blesser de ses traits tous ceux qui passeront par ici. Soyez plus généreuse, et pour ne pas faire des maux que vous ne voudriez sans doute pas guérir, profitez de la beauté du jour et venez respirer avec moi l'air de la promenade hors des portes de la ville. » On a beau s'appeler M. de Volari, il me semble qu'une telle phrase ne doit point être facile à prononcer; et, pour ma part, je ne m'engagerais point, même avec un petit manteau bleu de ciel sur l'épaule, à la débiter tout d'une haleine.

Néanmoins, ce style fait impression sur la *belle inconnue,* qui, après quelques façons, se laisse insensiblement conduire dans un petit bois « qui semblait avoir été créé pour le mystère. » Mais au lieu des Amours et des Ris dont M. de Volari espère y trouver le cortége, il n'aperçoit qu'un farouche Espagnol, tyran de la dame, qui les a suivis en donnant tous les signes de la plus sourde rage. M. de Volari tue ce Fabricio et demeure avec l'aventurière sur les bras. Ils voyagent, ils se racontent mutuellement leur histoire, et ils se font raconter celle des gens avec qui ils nouent connaissance. Ce procédé pourrait se continuer à l'infini, il faut donc savoir quelque gré à l'auteur de l'avoir restreint à deux volumes. Qu'on ne s'étonne point d'ailleurs de la piètre invention de ces romans-voyages, uniformément coulés dans le même moule; à toutes les époques, il se produit sept ou huit ouvrages destinés à servir de patron à toute une génération écrivassière. Au dix-huitième siècle, ces ouvrages typiques s'appellent *Gil Blas, les Lettres persanes, Manon Lescaut, Candide, Clarisse Harlowe* et *le Paysan perverti;* ils ont engendré tout ce qui s'est produit après eux.

LE NOVICIAT DU MARQUIS DE ***, OU L'APPRENTI DEVENU MAITRE

Deux parties (titre rouge); à Citer (*sic*), en l'année 1747; avec approbation de Vénus.

L'extrême rareté de cet ouvrage suffirait à faire douter de son existence, s'il ne se trouvait pas en ma possession. Ce n'est point un trésor d'ailleurs; sans être complétement insignifiant, il a le tort plus grave d'être ennuyeux. Une bourgeoise de trente-cinq ans, une actrice et une femme du monde se chargent à tour de rôle de l'éducation du marquis de ***, qui n'en devient pas plus *maître* pour cela. Un certain mérite de pittoresque dans le portrait ne rachète point le manque absolu d'intérêt qui domine dans ces deux parties, lesquelles n'ont aucun dénoûment et laisseraient croire à une troisième, si le mot *fin* n'était là pour détruire toute illusion à cet égard.

VII

LE GRELOT, OU LES ETC., ETC., ETC.

Dédié à moi. Deux parties. Ici, à présent.

Ce grelot est un grelot véritable, attaché à la personne d'un jeune prince de la façon la plus incommode et la plus nuisible à ses bonnes fortunes. Sur ce thème scabreux sont brodés, d'une main délurée et agile, des épisodes à la gaieté desquels il est difficile de résister longtemps, bien qu'ils soient monotones et presque toujours prévus. Le *Grelot* est calqué, quant au style, sur *Angola;* le caractère *italique*, surabondamment employé, sert à indiquer les tours de phrases à la mode et les façons précieuses du langage des petits-maîtres.

Auteur : Barret, homme grave à ses heures, et traducteur de Cicéron.

Le *Grelot* a été publié pour la première fois en 1754; il a ensuite trouvé place dans la *Bibliothèque amusante* (Londres), format Cazin.

VIII

CONFESSION GÉNÉRALE DU CHEVALIER DE WILFORT

A Leipsik, 1758; 1 vol.

A la manière de tous les romans intitulés *Confessions* ou *Mémoires,* l'ouvrage débute ainsi : « Tu veux donc absolument, charmante amie, que je te fasse un récit sincère de toutes mes aventures, avant que l'hymen nous unisse? J'y consens; mais de toutes mes folies la plus grande est sans contredit celle de te les raconter. » Cette déclaration faite, Wilfort nous apprend qu'il doit le jour aux intrigues d'un major de place et d'une bouquetière flamande ; mis de bonne heure au collége, il ne le quitta que pour entrer dans un régiment de cavalerie où il avait obtenu une lieutenance. « Le service n'occupe pas toujours un officier : on se dissipe au jeu, au spectacle, chez les coquettes, chez les demi-libertines, chez celles qui le sont tout à fait ; on cherche à tuer le temps. J'avais du goût pour la lecture, mais on ne lit pas toujours. Je fis comme faisaient les autres. »

Faire comme faisaient les autres, c'est pour Wilfort escalader un couvent de nonnes, porter le trouble dans les familles des bourgeois, s'attarder dans les festins, casser les lanternes des rues. Une affaire d'honneur avec un mari mal commode le force, au milieu de ces désordres, à prendre en poste le chemin d'Espagne ; grâce aux bons offices du secrétaire de l'ambassadeur de France, il est reçu chez le duc de Silvia, en qualité de gouverneur du marquis son fils, âgé de douze ans. Wilfort, comme tous les héros des romans légers, a la beauté d'Apollon unie aux grâces d'Antinoüs ; il ne tarde pas à faire une vive impression sur la duchesse, et particulièrement sur sa fille Floride, à qui il s'est chargé de donner des leçons de français. Ici se reproduit cette éternelle scène que les romans et la vie réelle n'ont pas encore épuisée :

« Un jour que j'étais seul dans le cabinet de Floride et qu'elle expliquait cet endroit de *Télémaque* où l'amour d'Eucharis est exprimé avec des traits si naturels, j'eus l'imprudence de lui demander si cette lecture était de son goût et si elle en apercevait toute la délicatesse. — Oui, monsieur, me répondit-elle ; je lis ce livre avec beaucoup de plaisir ; depuis que mon père me l'a donné, je ne le quitte qu'avec regret et je le reprends toujours avec empressement. Dans le couvent de Lisbonne où j'étais, j'ai lu plusieurs romans, mais je donne à celui-ci la préférence; il m'a touchée plus que les autres. — Oserai-je, lui dis-je avec émotion, vous demander quels sont les endroits qui vous frappent le plus? Elle me fit réponse que le morceau qu'elle expliquait actuellement renfermait bien des beautés. — Mais, repris-je, ne trouvez-vous pas qu'il est un peu trop tendre et qu'il serait capable d'allumer dans un jeune cœur un feu qui fait en peu de temps beaucoup de progrès? — Vous m'étonnez, s'écria-t-elle en riant; je n'aurais jamais cru qu'un cavalier français pût blâmer un livre si bien écrit. — Pardonnez-moi, lui dis-je fort déconcerté, si je me suis mal énoncé; loin de blâmer le livre que vous lisez, je pense que l'auteur ne pouvait traiter son sujet avec plus de retenue. — Ainsi, reprit avec un sourire moqueur mon écolière, vous avez donc prétendu par votre question connaître si mon âme est sensible? Je n'osais parler; animé de cette passion que j'étouffais depuis si longtemps, je la regardais, et mes yeux avouaient ma défaite. »

Fénelon! à quoi devais-tu servir!

Malgré tous les soins qu'il se donna pour empêcher la duchesse de Silvia et Floride d'être jalouses l'une de l'autre, Wilfort ne put y réussir; accorder la préférence à la fille ou à la mère, c'était s'exposer à la vengeance de celle qui se serait crue méprisée. Dans la crainte d'une goutte de poison ou d'un coup de poignard, cet amant trop favorisé prit le parti de se sauver en Portugal. Là, non moins incorrigible que par le passé, il séduisit successivement deux filles d'un avocat chez lequel il logeait, une veuve toute confite en piété nommée Célie, une autre encore, madame Hortense, marchande d'étoffes de soie ; mais cette dernière, à laquelle il avait eu la gaucherie de promettre le mariage, n'entendit pas aisément raison et tira de lui une vengeance cruelle. « Un soir, à dix heures, je fus pris dans mon lit, lié comme un criminel, et conduit, après plus d'une demi-heure de marche, dans un séjour dont l'entrée me fit trembler. On me mit dans une petite chambre où les grilles, les verrous et les clefs n'étaient pas épargnés. Un frère dominicain m'apprit que j'étais prisonnier de la sainte Inquisition, m'avertit de prendre en patience cette petite affliction et de me soumettre à la nécessité. »

Le conseil était sage, Wilfort le suivit. Après vingt mois et quatorze jours de captivité, les portes s'ouvrirent devant notre galant, qui, se trouvant sans ressources (les geôliers l'avaient débarrassé, au moment de son arrestation, de douze doubles louis qui étaient dans ses poches) et ne sachant plus où donner de la tête, promena son désespoir jusqu'à Florence, où il crut ne pas pouvoir mieux faire que de s'associer avec les comédiens du grand-duc. « C'est là, dit-il en terminant sa *Confession générale,* c'est là, ma chère Babet, que j'ai eu le bonheur de te voir. Ton père, chef de la troupe, n'a pas voulu me recevoir sans avoir auparavant éprouvé mes talents pour le théâtre. J'ai représenté dans l'*Andromaque* de Racine. Tu jouais le rôle d'Hermione et moi celui de Pyrrhus ; je me voulais du mal de feindre pour Andromaque une préférence que mon amour te donnait. Tu m'as écouté, Babet ; je t'ai plu, cher et charmant objet d'une ardeur qui surpasse toutes celles que j'aie jamais ressenties ; tu n'as pas dédaigné le présent de mon cœur. A vingt ans vertueuse, ce qui est un miracle chez les actrices, tu m'as reçu comme amant, comme époux. Épris des mêmes flammes, nés l'un pour l'autre, qui pourrait nous désunir et troubler un hymen préparé par les amours mêmes, qui sont garants de notre constance et de notre félicité? »

IX

LE ROMAN DU JOUR

Pour servir à l'histoire du siècle. Deux parties; à Londres, 1754.

Ce roman est le plus étonnant du monde, en ce sens que les peintures galantes qu'il offre au début sont interrompues soudain par des discussions théologiques et des expériences d'alchimie. Tout à l'heure il ne s'agissait que de madame Saint-Farre, charmante en robe de taffetas bleu, sur sa chaise longue ; de la comtesse de Liges, en corset de nuit et en jupe de mousseline brodée ; de madame Damonville, jeune veuve très-sujette aux distractions; maintenant il s'agit des jésuites, de la pierre philosophale, des schismes d'Orient et d'Occident, et cela pendant un demi-volume. L'auteur, dont le but me paraît difficile à comprendre, si tant est qu'il ait eu un but, cite sans propos Alciat, Paul Diacre, Jornandès, Eneas Sylvius dans son *Histoire de Bohême,* Rodolphe Hospinianan, Dumase dans la

Vie de Marcelle, Œcolampade, Faustus Socinus, Léon l'Isaurien et Ezydès, roi des Arabes. On dirait un savant à qui l'on a enjoint, en guise de pensum, d'écrire un roman gaillard, et qui, sa tâche terminée, revient avec délices à ses études dogmatiques.

X

BIBLIOTHÈQUE DES PETITS-MAITRES

Ou Mémoire pour servir à l'histoire du bon ton et de l'extrêmement bonne compagnie, avec cette épigraphe : « *Quid rides ? Fabula de te narratur.* » Au Palais-Royal, chez la petite Lolo, marchande de galanteries, à la Frivolité. 1762.

De l'esprit, et du meilleur ; de la malice à fleur d'eau, de l'érudition dissimulée avec grâce, du raisonnement : voilà ce qui compose ce livre, agréable de tous points. Je considère comme un chef-d'œuvre, et comme le spécimen le plus étourdissant de la littérature des boudoirs, la notice sur l'abbé de Pouponville, qui termine le volume.

Ange-Rose-Farfadet,
Abbé de Pouponville,
Le mignon des Grâces,
La fleur des Beaux-Esprits,
La perle des Petits-Maitres,
La coqueluche des femmes,
L'élixir de la galanterie,
La quintessence de la gentillesse,
La fine crème des compagnies, etc., etc.

« M. l'abbé de Pouponville était poupon dans tout. Il naquit pouponnement dans une coulisse d'une pouponne de l'Opéra et du céleste chevalier de Muscoloris, seigneur de Pomador, Ambresée et autres lieux. Il annonça ce qu'il devait être. A peine avait-il deux mois, qu'on remarquait déjà dans ses gestes enfantins un bon goût exquis ; il tétait si joliment, si mignonnement, que c'était un ravissement pour sa nourrice. S'il pleurait, c'était avec une douceur infinie ; s'il criait, c'était une espèce de mélodie cadencée dont le charme délicieux passait jusqu'au cœur. Alors un déluge de pralines et de bonbons de toutes sortes l'inondait de toutes parts ; il était choyé, caressé, dorloté, baisé, léché, presque étouffé. Dès l'âge de dix ans, ses qualités précieuses commencèrent à se développer. Quelle vivacité ! que d'agréments ! quelle bouche pour sourire et mignarder ! quels yeux pour languir et brûler ! Il fit ses études avec une rapidité incroyable : la lecture d'*Angola,* des *Bijoux indiscrets,* du *Sopha,* des *Matines de Cythère* et autres livres orthodoxes, lui apprit autant de théologie qu'il en faut pour triompher des cœurs dans les ruelles. Aussi fut-il bientôt en possession de subjuguer toutes les femmes. On ne saurait croire combien un petit collet donne d'accès auprès du sexe. Avec un rabat de la première faiseuse, un teint miraculeux, une voix flûtée, des lèvres d'un incarnat et d'une fraîcheur à faire envie, un *assassin* placé dans les règles les plus étroites de la mode, quelle vertu aurait pu résister à des armes pareilles?

» Lorsque, échappé d'un tête-à-tête galant, l'abbé de Pouponville montait dans la chaire de vérité, il avait l'air d'un chérubin adonisé. Un texte pris des endroits les plus voluptueux du Cantique des cantiques annonçait un exorde délicieux, suivi d'un discours en deux petites parties aussi lestes que divinement bien tournées. Il était couru de toutes les femmes du bon ton. La morale qu'il leur débitait était celle des poëtes et des romanciers, déguisée sous une nuance légère de spiritualité. Il peignait tout en miniature, jusqu'au péché et à l'enfer. C'étaient la vie et la conversion de Madeleine, la Samaritaine, la Femme adultère, *amore langueo*, je languis d'amour. Aussi les petites-maîtresses s'écriaient au sortir du sermon : — Ce Pouponville est un prédicateur sans pareil! un organe insinuant! des gestes à ravir! un air mouton! un sourire supérieurement fin! un persiflage décent, tel qu'il convient aux gens du beau monde! des descriptions à faire pâmer! S'il prêchait plus souvent, il ferait déserter tous les spectacles. Non, je n'ai jamais eu tant de plaisir à l'Opéra qu'aux sermons de cet aimable Pouponville!

» C'est de lui que nos jeunes abbés ont hérité des belles manières qui les distinguent : la coutume de se faire coiffer à double et triple rang de boucles, de prendre un morceau de sucre candi au bout de chaque période un peu longue, d'avoir un mouchoir ambré qu'on laisse tomber au moins deux fois par séance pour voir l'empressement des femmes à le ramasser; de promener amoureusement ses regards sur une assemblée brillante de beautés à demi voilées, pour se concilier leur attention.

» En un mot, c'était un phénomène digne d'être proposé pour modèle aux élégants en tout genre. Cependant la prédication lui fut très-fatale. Un horrible vent coulis, venu d'une porte inexactement fermée, lui ôta tout à coup la voix et la respiration. Un pli qu'il aperçut à son rabat lui donna de nouvelles vapeurs qui le firent malade à périr. Il s'évanouit : pour le faire revenir, on eut l'incongruité de lui présenter de l'eau de la Reine qui ne venait pas de chez la petite marchande, la seule qui pût en avoir de bonne. Ce troisième coup le bouleversa. Enfin, pour comble de malheur, un malotru de médecin, habillé comme aurait pu l'être Hippocrate ou Gallien, en habit noir et sans dentelles, vint lui tâter le pouls. Il ne put digérer ce trait de la dernière maussaderie ; le cœur lui souleva, et l'abbé de Pouponville rendit son âme mignonne, en demandant si l'on avait apporté ses souliers brodés et sa nouvelle ceinture à glands d'or. On l'ouvrit : on ne lui trouva ni cervelle ni cervelet. Une légère quantité d'une substance neigeuse et fondante au moindre trait lui en tenait lieu. Toutes les fibres et fibrilles du cerveau étaient d'une ténuité, d'une finesse, d'une exilité bien au-dessous de celle d'un fil d'araignée. Son cœur, d'une petitesse extraordinaire, avait les deux branches de l'aorte extrêmement étroites ; les anatomistes attribuèrent à cette contraction la facilité prodigieuse qu'avait notre Adonis à *vaporer,* s'évanouir, défaillir, périr presque à chaque moment. Son sang ressemblait à de l'eau rose, et sa chair était tendre et délicate comme celle des Zéphyrs.

» Il avait ordonné par son testament que l'on garnît sa bière de coton parfumé, ce à quoi l'on ne manqua pas. Un de ses adeptes lui fit ériger par reconnaissance un mausolée élégant : c'était une table de toilette très-richement garnie de bougeoirs, de miroirs, de boîtes, de bijoux, de pâtes, de parfums, de rouge, de blanc, d'éponges et d'eaux de senteur. »

A cette nécrologie spirituelle est jointe une nomenclature des principaux ouvrages composant la bibliothèque de l'abbé de Pouponville. Ils sont tout à fait en harmonie avec le caractère de leur propriétaire :

« *Traité de l'attaque et de la défense des ruelles,* avec les plans et figures nécessaires pour l'intelligence du livre.

» *Les Statuts et règlements de l'ordre élégantissime du papillonnage, persiflage, rossignolage, chiffonnage, fredonnage, franc-bavardage*, etc., par l'urbanissime et superlicocantiosissime Zéphirofolet ; 100 vol. in-folio.

» *Les Étrennes de 1759, ou les Mouches garnies de brillants.* L'auteur, Mouchero-Moucheroni, noble Vénitien, a fait voir que ce n'est pas à Paris seul que se font les belles inventions. Son livre est rempli de savantes recherches sur les mouches et leur antiquité : une mouche que portait Hélène, et qui relevait infiniment sa beauté, rendit Pâris amoureux et causa la guerre de Troie. Leurs noms : la friponne, la badine, la coquette, l'assassine, l'équivoque, la galante, la doléante, le soupir. Leurs positions : à la pointe de l'œil, à la lèvre, au menton, près de la fossette des grâces. Leurs formes : en lune, en comète, en croissant, en étoile, en navette. 2 vol. in-12.

» *La Raison des femmes,* livre blanc, par un célèbre *rieniste* des espaces imaginaires.

» *La Toilette ambulante,* par le juif Benjamin Fafefifofullina.

» *L'Art de dématérialiser les petits-maîtres allemands, hollandais, russes et chinois,* par le petit-maître Mignonet, chef de l'ordre, marquis de Plumeblanche, Teintmignard, Vermillon, etc., etc.

» *Les Berloques, ou les Grelots de la Folie,* par la marquise de Clicli.

» *L'Encyclopédie perruquière,* complète depuis 1740 jusqu'en 1760, ce qui fait 7,300 cahiers. On en donne deux chaque jour : celui du matin traite de l'attirail de la petite toilette ; celui du soir regarde l'accommodage en forme. L'infatigable Friso-Cometti en est l'auteur. Il fait aussi des sourcils postiches, à l'air de chaque visage, et les attache d'une manière invisible.

» *Le Véritable Maître à tousser, cracher, prendre du tabac, éternuer;* avec un *Traité du nazillement provençal,* minauderie de fraîche date.

» *Dissertation philosophique sur les 365 sortes de poudres,* une pour chaque jour de l'année, avec leurs vertus miraculeuses, par Jean-Farine Leblanc.

» *Les Orgies d'Amathonte,* et en général tous les opéras comiques jusqu'à 1760. Recueil complet. »

Cet amusant volume est clos par une série de pensées, détachées de l'*Esprit de M. l'abbé de Pouponville;* c'était alors la mode de publier l'*Esprit* de monsieur un tel, l'*Esprit* de madame une telle. L'auteur de la *Bibliothèque des Petits-Maîtres* n'a eu garde de laisser passer cette mode sans la railler à sa façon, qui est la bonne. Voici une des pensées de son abbé ; elle est incomparable et eût fait tomber à la renverse Gentil-Bernard, Dorat et Boufflers : « — Le médecin céleste que Pamoisor! il a guéri ma levrette grise et mon perroquet amezone. Je veux lui donner un bijou précieux : c'est le portrait de ma dernière maîtresse d'hier. Qu'en ferais-je aujourd'hui? »

XI

TANT PIS POUR LUI, OU LES SPECTACLES
NOCTURNES

1764, deux parties, sans indication de ville ni de librairie.

Un amant à la recherche de sa maîtresse, que des parents barbares dérobent à tous les yeux, fait rencontre, au bord d'une fontaine, de la fée Almanzine, qui lui offre une ceinture magique destinée à le rendre invisible. Il parcourt une partie des maisons de Cythéropolis et assiste à diverses scènes tour à tour plaisantes et tragiques, qui rappellent, mal à propos pour l'auteur anonyme de ce livre, la marche du *Diable boiteux*. Enfin, après avoir visité les promenades, les théâtres, les petites maisons, il finit par retrouver l'objet de sa flamme... entre les bras d'un Génie de qui la fée Almanzine avait tout lieu de se croire adorée. « Qu'on ne pense pas que je m'occupai à lui faire des reproches; on ne les emploie d'ordinaire qu'avec celles pour qui l'on conserve encore de la tendresse. Je rentrai chez moi, je l'ose dire, tranquillement. Heureux si j'avais gardé la précieuse ceinture ! J'aurais pu la prêter quelquefois à un petit-maître, fier de lui-même et de tout ce qu'on dit de son mérite en sa présence ; à des hommes follement épris d'une beauté qu'ils ne voient jamais qu'au sortir d'une longue toilette ; et alors, combien de gens eussent été désabusés qui ne le seront jamais ! »

XII

LES ERREURS INSTRUCTIVES, OU MÉMOIRES DU COMTE DE ***

Trois parties. A Londres, et se trouve à Paris, chez Cuissard, Pont-au-Change, et Prault, quai de Conti; 1765.

L'auteur, dans une épître dédicatoire à M. L. M. D. L. S. D'O., explique ainsi la poétique de son œuvre : « L'intérêt peut être excité de deux manières : tantôt on laisse voir le but vers lequel tendent les personnages principaux, et, au moyen d'incidents amenés avec art, on éloigne le dénoûment; tantôt on répand l'intérêt sur différents personnages, et alors on ne doit être jugé que sur la manière plus ou moins adroite de lier les épisodes au sujet. Cette dernière forme est celle que j'ai prise. » Peut-être eût-il mieux fait dans ce cas d'adopter la première, car l'intérêt qu'il a répandu dans les *Erreurs instructives* est mesuré à des doses tellement imperceptibles, que le lecteur n'arrive qu'à grand'peine à la fin des trois parties.

Le jeune comte de *** adore une religieuse du *couvent voisin;* après plusieurs mois d'une cour assidue au parloir, elle lui glisse un petit billet lui enjoignant de se trouver à neuf heures et demie du soir dans un chemin creux qui borde l'extrémité du saint enclos. « Je m'y rendis. A peine y étais-je arrivé que j'entendis marcher assez près de moi. Comme le lieu était absolument écarté, je me tins sur mes gardes en cas d'attaque ; mais au lieu d'un ennemi, c'était un ange tutélaire que je ne connaissais pas, et qui pourtant m'intimida beaucoup en me demandant quel nom je portais. Je le dis sans me faire prier. Aussitôt, me montrant une échelle de corde attachée au mur, et me prenant par la main : — Montez, monsieur, me dit-il, montez promptement, pendant que personne ne passe. Je voulus connaître mon conducteur et savoir par qui il avait appris que je devais franchir le mur, mais il me pressa de monter d'un air assez brusque, en me disant que je l'apprendrais dans peu. Je fis ce qu'il souhaitait. La voix de ma chère Rosalie frappa bientôt mes oreilles : elle me disait d'une voix basse de prendre garde de tomber. A peine fus-je dans l'enclos que j'aurais désiré en être bien loin, à l'aspect d'une religieuse que je vis assise à quelques pas ; je marquai mes craintes à Rosalie, qui ne fit qu'en rire. Pendant ce temps, la personne qui m'avait fait monter descendit à son tour, de façon que nous nous trouvâmes quatre dans le verger des religieuses. Je m'aperçus bientôt que l'amour nous y rassemblait tous. »

L'heure de la séparation ayant sonné, chacun reprend le chemin par où il est venu, en se promettant de se revoir le lendemain ; une fois dehors, le comte de *** veut de nouveau remercier son compagnon nocturne, mais il est immédiatement interrompu par ces paroles : — Monsieur, parlons bas, ou plutôt ne parlons point ; le mystère ne doit pas avoir trop de tous ses voiles ; et lorsque des personnes estimables daignent exposer pour nous leur honneur et leur tranquillité, nous devons être jaloux de leur conserver ces deux choses. Le comte de *** ne trouve rien à répondre à ces mots, et se contente de saluer. Mais le lendemain, il a le bonheur de sauver ce galant homme d'un guet-apens que lui avaient tendu trois coquins armés, et dès lors l'amitié la plus étroite commence à se former entre M. de Verzy et le comte de ***.

Le morceau le plus piquant des *Erreurs instructives*, et celui en même temps qui est écrit avec le plus de vérité, c'est l'histoire de la journée d'une femme capricieuse. Nous allons essayer de le transporter sous les yeux du lecteur, en lui demandant grâce pour ce

que quelques lacunes laisseront supposer d'immodeste.
« Un matin, je fus voir une présidente fort jeune, mariée à un homme fort vieux : — Que vous venez à propos, me dit-elle ; je vais prendre le chocolat. M. de N*** vient de partir pour la campagne ; il n'y a point à reculer : engagé ou non, vous dînerez avec moi et me tiendrez compagnie tout le jour. J'acceptai l'offre, mais j'avais un rôle difficile à remplir. La présidente était de ces femmes qui seraient bien embarrassées de dire ce qui leur plaît ; de ces femmes qui veulent et qui ne veulent plus dans le même instant, qui parlent avant que de penser, et qui oublient aussitôt qu'elles viennent de parler.

» Quand nous eûmes pris le chocolat, elle me dit qu'elle allait passer à sa toilette ; voyant que je me disposais à la suivre : — Où venez-vous ? me dit-elle d'un air irrité ; vous imaginez-vous que je vais m'habiller en votre présence ? Un jeune homme ! Si mon mari venait à le savoir ! Et quand il ne le saurait même pas ? Lisez, amusez-vous ; dans une heure au plus tard je reviens. Comme je vis que malgré mes instances elle s'obstinait à me refuser, je pris un livre et je m'assis. A peine avais-je lu six lignes qu'on vint me dire que madame la présidente me demandait : — J'ai réfléchi, dit-elle en me faisant asseoir à côté de sa table, que je pouvais vous admettre ici accompagnée de mes femmes ; mais

si j'apprends jamais que vous soyez indiscret... — Ah!
madame, m'écriai-je d'un air touché, pouvez-vous
avoir un pareil soupçon!

» Tandis qu'on la coiffait, son sein était légèrement
découvert; je m'amusai à coller mes lèvres sur le miroir dans l'endroit où il était réfléchi. — Que faites-vous? me dit-elle d'un air embarrassé. — Je m'amuse
avec une ombre. — Finissez, continua-t-elle en posant
la main sur sa glace, cela me déplaît. — En vérité,
madame, vous êtes inconcevable de vouloir me ravir
jusqu'à l'apparence du bonheur. Alors, je vais me l'approprier, repris-je en tirant un miroir de poche; ce
miroir est à moi, et je puis sans vous offenser, je pense,
regarder ce qu'il représente. En même temps je l'appliquai sur sa glace. Ses femmes ne purent s'empêcher de rire assez haut; cette innocente liberté irrita
madame de N***; elle les regarda de travers et leur
ordonna de se retirer. » Cette scène est ingénieuse et
très-jolie; Marivaux l'eût signée avec plaisir.

Resté seul avec la présidente, le comte de *** pousse
si loin la galanterie qu'elle le menace plusieurs fois de
sonner. Il porte habilement l'entretien sur le grand
âge du président, sur ses infirmités, sur sa figure repoussante. « N'attaquez pas mon mari, dit-elle en prenant ce sérieux artificiel que les femmes connaissent si
bien. — Madame, bien loin de l'attaquer, répondis-je,

j'ai transporté sur lui tout le respect que je vous dois et je n'ai réservé pour vous qu'une tendresse... — Vous perdez la raison ; comment ! vous ne me respectez pas? — Il est pour chaque personne des respects différents, repris-je ; celui qu'on a pour les personnes constituées en dignité est un devoir ; pour certaines autres, c'est une politesse ; mais, pour une femme aussi charmante que vous, c'est un culte, un hommage que l'amour nous force de rendre. »

Cette conversation, que nous abrégeons, se tient pendant le dîner ; la présidente, qui est femme de table, verse du vin de Champagne au comte de ***. Après le dessert, on passe dans le boudoir, où un canapé semble convier au repos ; la présidente s'assied, le comte lui fait lecture des *Mémoires turcs,* qu'il vient de trouver sur une chaise. « Quelle froideur ! s'écria-t-elle après avoir écouté les quinze premières pages ; passez, passez, cela est capable de me donner des frissons. » Toujours obéissant, le comte saute plusieurs feuillets et arrive à un passage singulièrement expressif ; la dame se renverse sur le canapé, elle feint de dormir. Il y a, dans une nouvelle d'Alfred de Musset intitulée *Les Deux Maîtresses,* une situation absolument identique ; nous y envoyons ceux de nos lecteurs qui ne se contentent pas des réticences, et qui veulent toujours savoir la fin des choses.

Les boutades de la présidente semblent avoir cessé; elle se fait aux petits soins auprès du comte; elle veut qu'il soupe avec elle. « Il était juste qu'un excès de tendresse récompensât les excès d'impertinence que j'avais été obligé de supporter. L'important était de trouver les moyens de rentrer la nuit sans être aperçu. Madame de N*** me montra une petite porte d'où l'on descendait, par un escalier dérobé, dans une salle basse dont les fenêtres donnaient sur la rue. — J'ouvrirai moi-même la fenêtre, dit-elle; il ne vous sera pas difficile d'y monter; venez-y à onze heures. Je fus exact au rendez-vous. Elle ne tarda pas à paraître. — Mon cher, me dit-elle à basse voix, j'ai réfléchi sur la promesse que je vous avais faite; mais, en vérité, je ne puis l'exécuter. Si mon mari allait revenir, où en serais-je? Je la donnai au diable de bon cœur, et, voyant qu'elle me souhaitait le bonsoir, je m'éloignai, furieux. J'allais perdre la fenêtre de vue, lorsqu'on me rappela. — Ne vous en allez pas, me dit-elle, montez; mon mari serait arrivé, s'il avait eu intention de revenir; mes femmes couchent un peu loin de moi, mon appartement est clair, nous laisserons les volets ouverts pour être avertis du temps où il faudra vous retirer; montez vite.

« Je grimpai avec promptitude, crainte qu'il ne reprît à ce Protée femelle un caprice semblable au premier. Elle avait laissé la porte de sa chambre ouverte, en descendant ; je montais derrière elle en la tenant par la main, lorsque, à la moitié de l'escalier, elle se rejeta brusquement entre mes bras en s'écriant : — Je vois mon mari dans ma chambre ! Nous redescendîmes avec précipitation. La présidente tremblait, j'étais interdit ; enfin elle était prête à sauter par la fenêtre avec moi, lorsque, ayant prêté l'oreille fort longtemps, je n'entendis aucun bruit dans son appartement ; j'eus même la hardiesse de monter quelques marches pour me rendre plus certain, et apercevant sur un sopha une robe avec une coiffe au-dessus, je ne doutai plus qu'elle n'eût pris ses propres habillements pour son mari. Mais, quand il fallut la faire monter, ce fut une autre scène : elle me dit d'abord qu'elle ne s'était point trompée et que c'était bien son mari qu'elle avait vu en robe de chambre et en bonnet de nuit sur le sopha ; qu'elle le connaissait mieux que moi. J'eus encore une seconde comédie, après l'avoir convaincue du contraire avec mille peines. — C'est donc un avertissement, me disait-elle ; peut-être mon mari arrivera-t-il cette nuit ; j'ai la tristesse dans le cœur, laissez-moi.

« Il y avait de quoi perdre l'esprit avec cette femme, et il ne fallait rien moins que sa beauté pour me retenir. Cependant, bon gré, mal gré, je la fis monter dans sa chambre ; elle eut encore l'inhumanité ou plutôt la folie de vouloir visiter des papiers qu'une parente lui avait donnés en dépôt, afin de voir s'il n'en manquait aucun. Ils étaient dans un petit coffre. Je pris la liberté de lui représenter que, dès qu'on n'avait pas enlevé le coffre et qu'elle le trouvait fermé, cela devait lui tenir lieu de la visite qu'elle voulait faire. J'en eus pour toute réponse que l'on ne pouvait être trop exact à remplir ses devoirs; pensée sentimentale placée si à propos que je pensai éclater de rire. Après quoi, elle changea de ton et se mit à pleurer de toutes ses forces de l'infidélité qu'elle allait faire à un mari qui l'adorait. Je voulus interrompre sa complainte, ce fut inutilement : toutes mes ruses, toutes mes caresses n'aboutirent à rien. Excédé, furieux, ou, pour ainsi dire, enragé de ses vertiges, je pris mon chapeau, malgré les efforts qu'elle fit alors pour me retenir, bien résolu de ne la revoir de ma vie. »

Il faut convenir que cette historiette est narrée avec cette bonhomie qui décèle la chose arrivée. On n'invente pas aussi bien, ni aussi juste. Malheureusement c'est la seule drôlerie des *Erreurs instructives*.

XIII

LE ZINZOLIN

Jeu frivole et moral, avec cette épigraphe : « *Ludendo pingimus.* » A Amsterdam, chez les libraires associés, 1769.

Ce nom singulier avait servi d'abord à désigner une couleur charmante, qui, dès son apparition, éclipsa le lilas et le vert pomme qui régnaient souverainement avant elle ; il n'était pas permis de porter autre chose que des étoffes *zinzolin* et des échelles de ruban *zinzolin*. Plus tard, ce nom fut appliqué à un jeu de cartes qui se jouait à quatre personnes, et dont les termes principaux étaient : le *vertugadin*, la *rocambole*, les *sigisbés*, etc. Il devint de mode alors pour les petites-maîtresses de s'écrier à tout propos, avec une pointe de zezaiement que le mot tendait à introduire : « *Z'ai fait auzourd'hui un Zinzolin zarmant.* » Peut-être était-il possible de bâtir sur le Zinzolin un roman agréable, ou tout au moins une peinture des manies et des ridicules de la société joueuse du xviiie siècle. L'auteur n'en a pas jugé ainsi : il s'est contenté d'écrire une digression capricieuse, qui a toutes les prétentions à l'esprit, à la légèreté, à la galanterie, et qui en est pour toutes ses prétentions.

Attribué à Luneau de Boisjermain ou à Toustain de Lormery.

XIV

CLÉON

Rhéteur cyrénéen, traduit de l'italien. A Amsterdam. 1770.

C'est un ouvrage à *clef,* comme les *Mille et une Faveurs* du chevalier de Mouhy, comme le *Prince Apprius.* Ces sortes de productions équivalent au jeu du casse-tête chinois ; et il faut être doué d'une patience toute spéciale pour découvrir, par exemple, que *Nasiralo* signifie la Raison, *Mentegiu* le Jugement, ainsi de suite. Bizarre littérature ! Tout est figuré dans *Cléon,* tout prend un corps et un nom, comme dans cette description extravagante du visage d'une femme. Le morceau est d'un genre unique ; nous le donnons en entier ; mais, plus humain que l'auteur, nous plaçons la clef à côté de l'énigme.

« La façade est occupée, au premier étage, par le

chancelier, grand orateur (*la langue*), qui porte la parole en toute occasion et qui donne les ordres nécessaires. L'on aurait une entière confiance en lui, si sa trop grande vivacité et son indiscrétion ne donnaient de justes sujets de s'en défier. Pour y mettre un frein, on a jugé à propos de lui prescrire des bornes qu'il ne peut passer; il est environné d'une balustrade d'ivoire (*les dents*) du plus bel aspect; de plus, il a deux voisins (*les oreilles*) qui ne le quittent jamais. Espions continuels et attentifs au moindre bruit, ils ramassent les nouvelles et les lui rapportent à mesure qu'ils les entendent. De peur d'en échapper aucune, ils sont toujours aux écoutes par leur fenêtre ou sur l'escalier de leurs portes. Le parfumeur (*le nez*), à cause de son mérite étonnant, a son logement au milieu du deuxième étage, dans la saillie à deux ailes soutenue d'une seule colonne. C'est lui qui a donné la vogue à l'eau de miel, à l'eau de Chypre, etc. Les gardes du corps (*les yeux*) sont dans les mansardes, au troisième; on les a placés à la partie la plus élevée, pour découvrir de plus loin; les voyageurs ne manquent guère de les consulter, c'est l'étoile polaire qui les guide : s'ils sont de bon augure, on peut s'en rapporter à eux et continuer sa route. Ces gardes savent imprimer des signes certains à leur fourrure en demi-cercle sous laquelle ils sont à couvert, pour donner l'ordre dont ils sont chargés et manifester leurs volontés particulières. Ce langage est d'une expression, d'une énergie dont les discours du chancelier n'approchent pas. »

On ne peut aller plus loin en fait de mauvais goût. *Cléon* est rare et n'a jamais été réimprimé.

XV

LE SOUPÉ DES PETITS-MAITRES

Ouvrage moral en deux parties, à Londres.

Cela commence ravissamment : « Il est onze heures du matin ; un abbé, assez semblable à une poupée de quatre pieds de haut, sourit aux dernières épreuves d'une brochure de sa composition. Il s'applaudit d'avoir fait une épître en vers, et se promet de la faire servir pour toutes les femmes. Il la relit avec complaisance, ordonne à son laquais de voler chez son imprimeur, de faire tirer vite quelques exemplaires et de les lui apporter au Palais-Royal. Il se met à sa toilette, cache artistement sa petite bosse dans les plis d'un manteau de soie, est content de lui, et se trouve en état de figurer au lever de quelque jolie femme.

» Déjà il traverse la rue de Richelieu, quand un déluge d'eau de senteur, dont tout le quartier est parfumé, lui fait lever la tête ; il voit avec surprise qu'il est jour chez la comtesse de ***. Il monte chez elle, on l'annonce ; Vénus lui sourit, il se croit Adonis. »

Le *Soupé des Petits-Maîtres*, on le devine par le titre, est une partie fine où chacun raconte son histoire. Les personnages s'appellent Persac, Saint-Val, le Président, la Bouquetière, la Marchande, la Danseuse, etc. Tout cela est gai et mené vivement.

« Vous connaissez la belle Sophie ? Quelques personnes la placent au rang des beautés vaporeuses ; pour moi, je sais qu'en femme sensée elle ne satisfait ses goûts et ses caprices que lorsqu'elle est tranquille du côté de l'intérêt. Un tableau qui est dans son boudoir, et que le peintre a malignement imaginé d'après le caractère et les aventures de la dame, va vous la peindre entièrement. Sophie est représentée devant son pupitre, pinçant de la guitare ; un militaire est à sa droite, donnant du cor ; un petit abbé occupe la gauche avec sa flûte, et un financier est vis-à-vis, jouant de la poche[1]. On lit sur le haut du papier de musique : *Concert à trois*. Le lourd Midas, qui avait demandé à l'Apelle moderne un tableau de fantaisie, a payé fort chèrement celui-ci, sans en avoir jamais deviné l'allégorie ; le militaire, l'abbé et la belle n'ont eu garde de l'en instruire. »

---

[1] *Pochette*, petit violon. L'auteur aura voulu jouer sur les mots.

Nous regrettons de ne pouvoir mettre sous les yeux du lecteur quelques-unes de ces peintures couleur de rose, que l'on dirait touchées par Baudouin; mais on comprendra l'impossibilité où nous sommes par les titres seuls des chapitres : *La Petite maison. — Le Bain. — Les Vers à soie. — Deux bonnes fortunes manquées; comment? — L'Actrice de province raconte son histoire. — Attrapez-moi toujours de même! — L'Amour est un futé matois*, etc., etc.

Vers le commencement de l'empire, le *Soupé des Petits-Maîtres* a été réimprimé chez Didot en très-jolie petite édition, dont quelques exemplaires sur beau papier de Hollande ont paru dans les ventes.

XVI

LES FAIBLESSES D'UNE JOLIE FEMME, OU MÉMOIRES DE MADAME DE VILFRANC

Deux parties, à Amsterdam, et se trouve à Paris, chez Belin, libraire, rue Saint-Jacques, vis-à-vis celle du Plâtre. 1779.

Il n'y a de réellement amusant là-dedans que l'histoire d'un malheureux cordon de sonnette engagé par hasard sous l'oreiller de madame de Vilfranc, et qui fait apparaître à chaque minute une servante qu'on se défend d'avoir appelée. Nous ne pouvons nous expliquer davantage. En dehors de quelques licences timidement indiquées, les *Faiblesses d'une Jolie Femme* trahissent de grandes visées au romanesque. L'auteur est ce fécond et trop fécond Nougaret, qui, sans avoir fait aucune espèce d'études, s'est livré à tous les genres de littérature, et est mort, la plume à la main, à plus de quatre-vingts ans.

XVII

LES CONFIDENCES RÉCIPROQUES, OU ANECDOTES
DE LA SOCIÉTÉ DE MADAME DE B***

Trois parties, avec frontispice, sans indication de lieu ni de date.

Ce sont des récits assez vulgaires, rehaussés tantôt par un air de sentiment, tantôt par un air de libertinage. La troisième partie, intitulée *Les Faits et gestes du vicomte de Nantel*, a été réimprimée séparément en 1818 sous ce nouveau titre : *Ma vie de garçon*. Il s'agit encore une fois d'un grivois imberbe qui s'introduit dans un couvent de filles sous l'habit d'une sœur converse. Le XVIIIe siècle ne sortait pas de là, et l'Empire, à son tour, a perpétué cette traduction venue en ligne directe du comte Ory.

XVIII

LES SONNETTES, OU MÉMOIRES DE M. LE MARQUIS D***

Deux parties, avec frontispice.

Les *Sonnettes* sont tout à fait de la famille du *Grelot*, mais ce dernier leur est infiniment préférable. Elles sont dédiées à un M. le D*** (le Dru), serrurier de son état, dont une enseigne curieuse par sa naïveté fit la réputation et même la fortune. Il ne nous est pas permis d'en reproduire le texte, qui d'ailleurs court les *ana* et est dans la mémoire de tous les vieillards. Quatre ou cinq intrigues dominées par un amour sérieux et couronnées par un mariage, il n'y a pas d'autres sujets dans les *Sonnettes*, desquelles on pouvait attendre un plus joyeux carillon.

Auteur : Guiart de Servigné.

Dans l'édition de la Bibliothèque amusante (1784), les *Sonnettes* sont suivies de l'*Histoire d'une comé-*

dienne qui a quitté le spectacle et de l'*Origine des bijoux indiscrets,* conte.

Une grossière spéculation de librairie a fait reparaître en 1803 *les Sonnettes* avec ce nouveau titre : *Félix, ou le Jeune amant et le Vieux libertin.* Des noms y sont changés ; les chapitres y ont des titres ridicules.

XIX

FÉLICIA, OU MES FREDAINES

Avec cette épigraphe : « *La faute en est aux dieux qui me firent si folle.* » Deux volumes, à Amsterdam, 1784.

La vivacité de quelques tableaux ne doit pas nous empêcher de rendre justice à l'une des plus charmantes productions que la décadence du xvIII^e siècle ait inspirées, coquette débauche de sentiment et d'esprit, esquisse folâtre des dernières ruelles à la mode, accentuée plus littérairement que le long roman de Louvet. *Félicia* a été rééditée à l'infini et dans tous les formats, avec un grand luxe de gravures. Ce sont encore des mémoires, mais des mémoires aussi rapides et aussi mutins qu'on peut le désirer.

« Je vais passer et repasser mes folies en parade, avec la satisfaction d'un nouveau colonel qui fait défiler son régiment un jour de revue, ou, si vous voulez, d'un vieil avare qui compte et pèse les espèces d'un remboursement dont il vient de donner quittance. »

Félicia naquit comme Vénus, de l'écume des flots, c'est-à-dire qu'elle reçut le jour sur un bâtiment corsaire, au milieu des horreurs d'un combat naval. Un bourgeois d'Italie, nommé Sylvino, l'adopta pour sa fille et lui fit donner une éducation complète. Née sous un astre brûlant, elle manifesta de bonne heure les plus tendres dispositions, et un petit maître de danse faillit lui faire tourner la tête, alors qu'elle n'avait guère plus de quatorze ans. Mais l'amour, qui veillait sur elle, lui réservait de plus hautes destinées. Le chevalier d'Aiglemont parut : c'était un Adonis de dix-neuf ans, d'une taille svelte, que faisait ressortir un uniforme d'officier aux gardes. Il arriva un matin, pendant que Félicia prenait une leçon de clavecin. La *leçon de clavecin !* Que de fois la peinture et la gravure se sont emparées de ce sujet !

« Déjà savante, je touchai une sonate difficile qui m'était assez familière ; mais la présence du chevalier me jeta dans un trouble si grand, je perdis à tel point l'attention, que je m'embrouillai et mis le maître de fort mauvaise humeur. Il n'eût pas été fâché de briller par le talent de son écolière aux yeux d'un homme qu'il connaissait pour un excellent amateur de musique. Le maître jouait une partie de violon.—Donnez, monsieur, lui dit l'aimable chevalier, je vais accompagner, et vous aiderez mademoiselle à se remettre. A peine il tint le violon que cet instrument rendit des sons délicieux. Nous reprîmes la sonate du commencement ; jamais je n'avais si bien touché. D'Aiglemont accompagnait avec une justesse, une expression, qui me mettaient hors de moi. Mon jeu faisait sur lui la même impression ; je l'entendais de temps en temps soupirer ; le délire de son âme prêtait de nouvelles beautés à son exécution, de nouvelles grâces à sa figure. »

De sonate en sonate, l'heureux d'Aiglemont subjugua le cœur de la jeune Félicia. Ce fut lui qui la forma et qui la produisit. Il eut pour successeur un aimable prélat, type aujourd'hui disparu, et dont à ce titre le portrait doit trouver place dans ces pages : « Monseigneur était d'une figure intéressante, petit-maître à l'excès, aussi pétulant que lorsqu'il était officier, toujours gai, content et bouillant d'esprit ; il paraissait de dix ans plus jeune qu'il n'était. Amateur universel, poésies, lettres, spectacles, arts, sciences, talents, plaisirs, modes, folies, tout était de son ressort. » Le prélat emmena dans son diocèse sa nouvelle conquête et lui donna une cour de hobereaux. Cette liaison mourut avec les roses d'automne. Félicia, qui grandissait à vue d'œil, demanda des chevaux pour Paris, et partit ;

mais elle comptait sans une poignée de sacripants qui arrêtèrent sa berline sur la grande route, et qui certainement lui eussent fait un très-dur parti sans l'intervention miraculeuse d'un charmant jouvenceau, lequel, armé d'une épée, chargea tous ces gueux à la fois, et donna ainsi à la maréchaussée le temps d'arriver.

Ce libérateur tombé du ciel s'appelait Monrose ; quoique passablement grand, il n'avait pas encore atteint son troisième lustre. Il s'était, la veille, échappé du collége, et allait un peu à l'aventure, ne sachant rien de la vie et des *orages du cœur*. Ce fut Félicia qui, à son tour, se chargea de cette éducation. « Beautés qui rêvez une adoration pure, s'écrie-t-elle, c'est à l'âge de Monrose qu'il faut prendre les hommes, si vous voulez respirer un moment leur encens délicat ; un moment, entendez-vous! Car bientôt ces cœurs si francs, si sensibles, participent à la contagion générale, et vous devenez les dupes de ceux que vous croyez duper. On se lasse d'entretenir l'illusion de votre orgueil ; les adorateurs s'enfuient en se moquant ; vous demeurez rongées de regrets et couvertes de ridicule. » Un peu plus loin, elle dévoile tout son système de conduite dans ces quelques lignes : « Monrose prononça mille serments à mes genoux avec l'enthousiasme de la passion et du respect. Cependant je me souciais fort peu d'être adorée ; cela ne m'a jamais flattée, j'ai toujours souhaité COURT AMOUR ET LONGUE AMITIÉ. » Peut-être cette profession de foi est-elle d'une philosophie outrée et invraisemblable sur des lèvres de vingt ans ; les femmes d'alors ne raisonnaient pas avec la froideur de Félicia ; elles se piquaient toutes au contraire de cette exaltation répandue par la *Nouvelle Héloïse* et les romans anglais. Les plus libertines savaient, dans leurs caprices, conserver cette teinte de sensibilité qui est un des caractères les plus distincts de l'époque. On se doutait à peine que l'on fût corrompue ; on n'aimait peut-être pas, mais au moins on croyait aimer, on voulait aimer surtout, ce qui a un côté méritoire. Aussi je crois que ces mots : *Je ne me souciais pas d'être adorée, cela ne m'a jamais flattée*, sont tout à fait hors nature, — d'autant plus que Félicia les dément à chaque instant.

Ses amours avec le beau Monrose remplissent la première moitié du second volume ; mais bientôt les infidélités qu'il accumule avec la plus grande candeur du monde la forcent à lui donner un suppléant. Ce suppléant est un riche Anglais du nom de Sidney, ingénieux comme tous les Anglais et sybarite à la dernière puissance. On lit avec étonnement la description très-minutieuse de la maison de plaisance qu'il s'est fait arranger au bord de la Seine. D'abord, ce sont deux statues qui servent de limites à ses domaines, et qui ont cela de particulier qu'elles se tournent le dos. L'une regarde le côté par où l'on arrive, et représente la Défiance ; elle est debout, élancée, l'œil furieux ; à côté d'elle, un dogue semble vouloir se ruer sur les passants ; sur la table du piédestal on lit : *Odi profanum vulgus*. L'autre statue, qu'on ne voit en face qu'en revenant, est assise et figure l'Amitié ; son regard et son geste témoignent du déplaisir qu'elle a de voir partir les hôtes de lord Sidney ; un épagneul est sur ses genoux. Au bas sont gravés ces mots : *Redite cari*.

Mais cela est le moins curieux. Voici qui vaut davantage. Le noble lord, qui raffole de tout ce qui est fantastique et mystérieux, s'amuse pendant la nuit à faire des niches à ceux qui couchent dans son château. Pour cela, son architecte a pratiqué sous chaque appartement une espèce d'entre-sol ignoré et des dégagements autour de chaque alcôve. Des escaliers pratiqués dans l'épaisseur des murailles communiquent à tous les étages, où des postes d'observation sont ménagés dans des corridors, matelassés de toutes parts et percés de petits trous dans les ornements des trumeaux. Lorsque Sidney veut s'introduire dans une chambre, il n'a qu'à pousser un panneau à coulisse exécuté dans la perfection ; il peut aussi donner la sérénade à ses locataires, au moyen de certains tubes qui circulent du haut en bas de la maison et s'adaptent à tous les chevets. Ces tubes lui servent également à entendre ce qui se dit chez lui, et souvent à y répondre. On sait que la plupart de ces inventions pleines de perfidie sont renouvelées de Denys le tyran, qui en faisait une application moins inoffensive que lord Sidney. Il n'y a pas longtemps encore que Grimod de la Reynière, le spirituel gourmand et l'humoriste, les avait réalisées à son tour dans son château de Villers-sur-Orge, près de Longjumeau.

Le roman de *Félicia* est tout en épisodes, il fait mouvoir une multitude de personnages ; nous ne pouvons qu'indiquer les jalons principaux. L'élément dramatique finit par prendre le dessus, et après des complications précipitées, l'héroïne épouse pour la forme un vieux comte. Du reste, tout le monde épouse au dénoûment : lord Sidney épouse une certaine Zeïla, perdue, retrouvée et toujours adorée ; le d'Aiglemont des premiers chapitres épouse une petite personne de couvent. Il n'y a que Monrose qui n'épouse pas, mais, en compensation, il retrouve sa famille et entre dans les mousquetaires, où il ne tarde pas à devenir capitaine.

Nous avons beaucoup abrégé ; mais si de tels livres ne supportent pas d'analyse, ils comportent du moins les citations. Entre plusieurs, nous choisissons la peinture très-vivante de deux originaux : un président de province et son gendre. C'est Félicia qui parle : « Exacte au rendez-vous, je les trouvai tous deux dans la grande allée du Palais-Royal ; ils m'attendaient, assis et entourés d'une jeunesse désœuvrée qui se divertissait de la manière dont ils étaient accoutrés. Le beau-père avait, en dépit de la saison, un antique habit de drap pourpre à paniers, orné d'une grande quantité de boutons et de boutonnières ; cette parure devait avoir été de son temps du plus grand effet ; la veste était d'une riche étoffe or et argent, mais dont le fond crasseux et les bouquets débrochés trahissaient le grand âge. La culotte, pareille à l'habit, était un peu plus neuve. Des bas roulés, de vastes souliers, la perruque à la brigadière, l'immense chapeau brodé d'argent sous le bras, l'épée imperceptible et la longue canne à bec de corbin complétaient le costume du bon président. — Le sieur de la Caffardière ne lui cédait pas l'honneur d'être mis le plus bizarrement. Ayant perdu presque tous ses cheveux, il était coiffé d'une fausse *grecque* huppée, placée de travers, et de deux boucles empâtées dont la pommade fondait au soleil. Une petite bourse dont le sac vidé badinait à deux doigts d'une nuque allongée meublait le derrière de la tête. L'habit était de camelot bleu de ciel, avec un large galon mal festonné ; la veste en basin, ornée d'une frange trop longue, battait sur les genoux. Il avait une culotte de velours noir et des bas de soie couleur de chair, des souliers plats décorés d'une antique boucle dont l'éclat éblouissait tous les yeux, un petit chapeau avec un plumet sale. Quant à l'épée, elle réparait par son excessive longueur l'extrême petitesse de celle du beau-père. En un mot, ces messieurs étaient à montrer pour de l'argent. »

Le crayon ne ferait pas mieux pour ces deux caricatures ; et afin d'achever le portrait de ce président, lequel est un homme excellent, très-fort sur la basse de viole, nous recommandons ces lignes expressives :
« Cet homme, que le feu d'un demi-génie fort actif avait desséché, ressemblait beaucoup à une momie habillée à la française. De grands traits chargés, de gros yeux brusques, saillants, bordés de fossés creux, une bouche plate, un nez aquilin et un menton pointu, donnaient au personnage une physionomie folle, mais spirituelle et passablement bonne ; et, sans le ridicule frappant dont cet honnête président était verni de la tête aux pieds, on se fût accoutumé volontiers à sa pittoresque laideur. »

L'auteur de *Félicia* est le chevalier de Nercyat, de qui nous nous occuperons un jour.

XX

L'ÉTOURDI

A Lampsaque, 1784.

Il faut être doué d'une effronterie rare pour copier l'introduction entière du *Soupé des Petits-Maîtres*, l'aventure des deux religieuses dans la *Confession générale de Wilfort*, une anecdote de lanterne magique aussi connue que l'enseigne de M. le Dru, et oser baptiser le tout du nom de *L'Étourdi*. L'audacieux arrangeur de cette compilation, qui n'a pu être cependant assez crédule pour rêver l'impunité, pousse l'amour-propre jusqu'à s'avouer, dans une note, l'auteur d'un *Almanach de Nuit* pour l'année 1776. Je me souviens d'avoir eu entre les mains cet almanach, signé du chevalier des R.....s, et avoir été rebuté par le ton de sottise qui y règne d'un bout à l'autre.

XXI

MA JEUNESSE

Quatre parties.

« Ce fut un mardi que, sortant de l'Opéra, encore extasié des attitudes légères de nos Terpsichores, mes pas me conduisirent au jardin du Palais-Royal, où, bientôt après, je vis arriver un objet enchanteur qui depuis longtemps fixait mes désirs. Léonore (c'était son nom de guerre) était parée élégamment; sa taille et son maintien frivole ne laissaient rien à souhaiter; ses regards volaient de toutes parts et annonçaient le désir de plaire, souvent la certitude d'y réussir. Affectant toujours de passer à côté d'elle, mes regards enflammés, accompagnés chaque fois d'un sourire, la forcèrent de rompre un silence qui lui pesait sans doute autant qu'à moi. — Ai-je donc quelque chose de ridicule, me dit-elle, qui vous oblige, monsieur, à m'observer de la sorte? Ma réponse fut prompte, en lui disant : — Le sourire, mademoiselle, est presque toujours l'effet du plaisir. » Cette entrée en matière ne se soutient pas longtemps ; les amours deviennent vulgaires et même mélodramatiques : à Léonore succèdent Lise, Ninon, Ursule, Sézine, Victoire, Bibiane. Et puis, l'éternel couvent! les éternelles nonnes! avec cette différence que le héros, au lieu de se travestir en femme ou en abbé, s'habille en médecin, ce qui est aussi vieux, mais moins amusant. *Ma Jeunesse*, dont le style est inégal, se fait lire avec impatience ; c'est trop de quatre parties : on n'est pas jeune pendant si longtemps, ou bien on l'est davantage.

XXII

MONROSE, OU LE LIBERTIN PAR FATALITÉ

Suite de Félicia, par le même auteur, quatre parties. Paris, 1795.

De nouveaux personnages ajoutés à ceux que nous connaissons recommencent une série d'orgies, pourvue du même genre d'attrait que la première. L'abbé de Saint-Lubin, la baronne de Liesseval, Mimi, madame de Flakbach, Armande, Floricourt, Senneville, placés pour ainsi dire sous le commandement de Félicia et de Monrose, vont passer la saison d'été dans une délicieuse terre située à quelques lieues de Paris ; ils n'y couronnent point de rosières, comme on le pense bien ; ils se contentent de jouer la comédie, — *Les Fausses Infidélités,* par exemple, — et de chasser tout le jour dans les bois, souvent même le soir. De temps à autre, comme dans *Félicia,* le drame intervient brusquement et se prolonge quelquefois dans une proportion fatigante ; l'auteur s'en aperçoit, mais seulement vers la fin du quatrième volume : « Je conviens avec vous, dit-il, cher lecteur, que la marche de toutes ces aventures n'est pas ordinaire. Ce mélange singulier de vertu, de faiblesse, de sentiment, de caprice, ces brusques transitions de la tristesse au plaisir, du plaisir au remords, du courroux à l'attendrissement, tout cela est de nature à vous ballotter peut-être désagréablement, si vous avez l'habitude et le goût de ces scènes uniformes où chaque acteur conserve son premier masque d'un bout à l'autre de son rôle. La plupart de mes personnages sont à moitié purs et à moitié atteints d'une corruption dont il est bien difficile de se garantir au sein des capitales, quand on y apporte des passions et d'assez grands moyens de les satisfaire. De là, tant de disparates. L'histoire de mes acteurs est celle des trois quarts des mondains de tous les pays de l'Europe. »

Il faut remarquer dans *Monrose* un individu italien qui pourrait bien avoir servi de modèle à Balzac pour son ou sa Zambinella, dans le petit roman de *Sarrazine*.

XXIII

LES ALMANACHS GALANTS

C'étaient de petits livres in-32, très-coquets, dorés sur tranche et fermés par un stylet qui servait à écrire sur un certain nombre de pages blanches ménagées à la fin de chaque volume. Le texte était composé habituellement de chansons et de maximes d'amour, avec des gravures pour tous les mois. Voici une liste des almanachs pour l'année 1789 qui se trouvaient chez le libraire Langlois fils, rue du Marché-Palu, au coin du Petit-Pont :

Le Nanan des curieux.
L'Affaire du moment.
Le Portefeuille des femmes galantes.
L'Almanach bien fait.
L'Almanach sans titre.
Le Petit Chou-Chou.
Les Hymnes de Paphos.

On ne veut que celui-là.
Pierrot-Gaillard.
Merlin-Bavard.
Les Fastes de Cythère.
La Récolte des petits riens.
Le Loto magique.
Le Plaisir sans fin.
Mon petit savoir-faire.
Le Grimoire d'amour.
Les Mois à la mode, ou l'An des plaisirs.

Sauf quelques-uns, ces petits livres de poche ne dépassent pas le badinage. La plupart sont d'une ingénuité grotesque, comme dans le dialogue suivant, extrait des *Mois à la mode*.

Un batelier conduit deux messieurs et deux dames au parc de Saint-Cloud, le jour de la fête.

Un monsieur. — L'air est pur aujourd'hui, et je crois que nous ne risquons rien, mesdames, de vous promettre une belle journée.

Les dames. — Le temps paraît assez sûr, mais vous savez qu'il est comme les hommes, c'est-à-dire inconstant.

Le monsieur. — Ah ! mesdames, je ne saurais prendre cela pour moi.

Une des dames. — Cependant, s'il ne faisait pas beau aujourd'hui, que diriez-vous ?

Le monsieur. — Je dirais, madame, qu'en votre compagnie on ne saurait jamais essuyer de mauvais temps; et ces lieux, si enchanteurs qu'ils puissent être, n'auraient aucun appas pour nous s'ils ne recevaient leur principal ornement de votre présence.

Air : *La plus belle promenade.*

> Le séjour le plus aimable
> N'aurait point d'attraits sans vous ;
> L'antre le plus effroyable
> Plaît par des objets si doux.
> Triste Paris ! tu nous lasses,
> Et ces lieux plaisent beaucoup
> Quand on amène les Grâces
> A la fête de Saint-Cloud.

C'est fort innocent.

XXIV

L'ODALISQUE

Ouvrage traduit du turc par Voltaire. A Constantinople, chez Ibrahim Bectas, imprimeur du grand visir, auprès de la mosquée de Sainte-Sophie. Avec privilége de sa Hautesse et du Muphti. 1796. In-32 de soixante-quinze pages, sur papier fort, quatre gravures avec renvois aux pages correspondantes.

Le nom de Voltaire couvre impudemment une spéculation scandaleuse et des épisodes sans esprit. On lit dans un *Avis de l'éditeur* placé au début :

«Voltaire a composé cet ouvrage à quatre-vingt-deux ans. Le manuscrit nous a été remis par son secrétaire intime, ce qui nous autorise à assurer l'authenticité de ce que nous annonçons. On verra qu'il nous aurait été facile de faire disparaître quelques expressions énergiques, mais une froide périphrase n'aurait pas aussi bien rendu l'expression du personnage. Au surplus, nous pensons qu'il faut respecter un grand homme jusque dans les écarts de son imagination. »

Il est impossible de se laisser prendre à ce piége vulgaire ; l'*Odalisque* est un récit absolument dépourvu d'intérêt. Zéni est une petite fille que l'on élève pour la couche du Sultan ; un eunuque, nommé Zulphicara, devient amoureux d'elle ; de là, des descriptions de sérail, des scènes de jalousie. Ce n'est pas autre chose que cela.

Sur la page du titre, au milieu d'un cadre de fleurs et d'oiseaux, un J, un F et un M majuscules sont entrelacés. Ce chiffre nous fait supposer que l'éditeur de l'*Odalisque* pourrait bien être Jean-François Mayeur, assez coutumier de ces indignes supercheries.

XXV

ÉLÉONORE, OU L'HEUREUSE PERSONNE

A Paris, chez les marchands de nouveautés, an VII. Un volume in-32 de deux cent dix pages, avec un frontispice et deux gravures.

Un *sylphe* accorde à une jeune novice de couvent la faculté d'être tour à tour homme et femme, aujourd'hui Éléonor et demain Éléonore. Les aventures qui en résultent sont peu nombreuses et n'attestent qu'une médiocre invention; mais le style est facile et quelquefois gracieux.

XXVI

LES APHRODITES

A Lampsaque, 1793. Huit numéros ou cahiers in-8° de quatre-vingts pages chacun environ. Une gravure à chaque cahier.

Ce recueil n'est pas seulement rare, il est introuvable. L'auteur est ce même M. de Nercyat à qui les fastes du badinage doivent *Félicia* et *Monrose;* mais ici le badinage est poussé plus loin que dans ces romans. Les *Aphrodites* sont une association de personnes des deux sexes, association qui n'a d'autre but que le plaisir. Des femmes de la cour, des abbés, des princes, de riches étrangers, des ex-nonnes, paradent dans une série de tableaux dont la nature trop exclusive restreindra nécessairement nos citations. Nous le regrettons, au point de vue de l'esprit et du style, deux qualités que M. de Nercyat possède à un rare degré; que ne les a-t-il déployées dans des livres avouables ! Il a surtout une science et une aisance de dialogue on ne peut plus remarquables, et qui ne se sont jamais manifestées plus abondamment que dans les *Aphrodites*. Il jargonne comme les petits-maîtres de Marivaux. — Voici, par exemple, un comte qui revient du Manége, et qui, après s'être répandu en plaisanteries contre le nouvel *ordre de choses* et la manie des *constitutions*, demande à déjeuner.

Célestine. — Que prendrez-vous, monsieur le comte?

Le Comte. — Une croûte grillée avec un peu de vin d'Espagne.

Célestine. — On va vous servir à l'instant. (*Elle disparaît et revient un moment après avec un plateau.*)

Le Comte. — Quoi! c'est vous-même, belle Célestine, qui prenez la peine...

Célestine. — Pourquoi pas, monsieur le comte? on a toujours du plaisir à servir quelqu'un d'aimable.

Le Comte. — Ah! ce joli compliment met le comble à vos attentions. (*Il la débarrasse du plateau.*) Si vous vouliez, charmante Célestine, que ce déjeuner devînt délicieux pour moi, vous mouilleriez ce verre de vos lèvres de rose, et, buvant après vous, je croirais recevoir un baiser.

Célestine. — Voilà qui est d'une galanterie bien quintessenciée! Pourquoi demander de ma part un baiser par ricochet, quand je puis vous en donner plutôt deux directement?

Le Comte, *les prenant avec transport*. — En vérité, Célestine, vous surpassez tout ce qui vient ici!

Célestine. — Chut! chut! songez que nous avons quelque part certaine duchesse, et...

Le Comte. — Bon! Laissons, mon cœur, ces subtilités de délicatesse. Si vous m'aimiez un peu...

Célestine. — Nous ne nous connaissons point, pourquoi vous aimerais-je? — Vous êtes joli cavalier, pourquoi ne vous aimerais-je pas?

Le Comte. — Elle est divine! Il y a un siècle, belle enfant, que tu me trottes en cervelle; mais tu as précisément une de ces sorcières de mines qu'il faut chasser de son imagination comme la peste, si l'on ne veut pas s'enfiévrer.

Célestine. — Pourquoi, s'il vous plaît, me chasser si fort? Sachez que j'aime beaucoup, moi, qu'on se passionne un peu pour mon petit mérite, etc., etc.

Tout ce babil amuse, et atteste un écrivain de race. Après le dialogue, le portrait. Celui-ci plaira par sa minutie charmante :

« Violette. Délicieuse brune. Elle est coiffée à l'enfant avec un ruban vert autour de ses cheveux à peine poudrés, et vêtue d'un peignoir garni de mousseline rayée par-dessus une chemise en toile de Hollande. Tendron pétillant de fraîcheur et de santé ; petit front à sept pointes ; yeux médiocrement grands, mais volcaniques ; larges prunelles noires ; sourcils tracés comme au pinceau. Fossettes aux joues et au menton ; couleurs d'une extrême vivacité ; joli méplat au bout d'un petit nez en l'air. Dents courtes, merveilleusement rangées et de l'émail le plus sain. Légère dose d'embonpoint. Petons et menottes du plus agréable modèle. »

Il y a dans les *Aphrodites* quelques parties dramatiques et même fantasmagoriques : — l'histoire d'un baronnet qui se fait suivre partout de l'image de sa défunte maîtresse, en cire, de grandeur naturelle ; — les jalousies, les fureurs sentimentales et la mort d'un comte de Schimpfreich ; — mais ce sont des parties faibles et hors de leur place. En outre, M. de Nercyat ne perd jamais l'occasion de donner son coup de griffe aux événements et aux hommes de la Révolution.

Reliés, les *Aphrodites* forment deux beaux volumes grand in-8°, très-soignés d'impression, avec des *errata* à la suite de chaque cahier. Les gravures sont d'une exécution supérieure.

XXVII

LE DOCTORAT IN-PROMPTU

1788. Un volume in-32 de cent vingt pages, avec deux gravures, par le même.

Ce sont deux lettres adressées par une jeune dame, nommée Érosie, à son amie Juliette, et datées de Fontainebleau. En allant rejoindre à la cour le vieux baron de Roqueval, auquel sa main est promise, Érosie raconte de quelle façon elle a fait la rencontre et la conquête du petit vicomte de Solange, jouvenceau *céleste*, qui voyage accompagné de son pédagogue. Un *Avis des éditeurs* s'exprime de la sorte :

« Un valet d'auberge, chargé de jeter dans la boîte la première de ces lettres, et supposant, d'après le volume, qu'elle pouvait contenir quelque chose de mystérieux, la porta chez un jeune homme attaché en sous-ordre à l'un des bureaux ministériels. Ce commis, abusant de la circonstance, ouvrit le paquet; mais, au lieu de secrets d'État, il n'y trouva que des folies, qu'il transcrivit pour son amusement. Cette copie, qui a circulé, nous est parvenue, et c'est d'après elle que nous avons imprimé. »

Écrit avec légèreté.

XXVIII

LA GALERIE DES FEMMES

Collection incomplète de huit tableaux recueillis par un amateur. Epigraphe : « *L'amour est le roman du cœur, et le plaisir en est l'histoire.* Beaumarchais, *Folle Journée.* » A Hambourg. 1790. 2 vol. in-12, le premier de cent soixante-dix pages, et le second de cent cinquante-quatre.

Ces tableaux ont pour titres : *Adèle, ou l'Innocente; Elisa, ou la Femme sensible; Eulalie, ou la Coquette; Déidamie, ou la Femme savante;* etc. Ils sont écrits avec une finesse incomparable. Que si vous y trouvez trop de mythologie, prenez-vous-en au Directoire et à ses modes transparentes. Le quatrième tableau s'annonce ainsi :

« Lettre de Zulmé *au chevalier d'Arnance.* — J'irai ce soir incognito voir *Armide* et le ballet de *Psyché.* Ma loge sera fermée à tout le monde si le chevalier d'Arnance ne se compte pour personne. »

« Réponse. — Quelque opinion modeste qu'on ait de soi, il faut bien se compter pour quelque chose lorsqu'on a le bonheur d'être aperçu de vous. J'irai voir *Armide* et *Psyché*. »

C'est très-dégagé, n'est-ce pas? Plus loin, le portrait de cette Zulmé offre de jolis traits : « Elle ne faisait rien comme les autres : une autre le faisait mieux et plaisait moins. Penchait-elle la tête, levait-elle un bras, avançait-elle le pied, on était ému. Il suffisait qu'elle regardât pour qu'on se crût aimé. Dans la poursuite du plaisir, Zulmé n'oubliait rien de ce qui peut le rendre plus vif et plus durable. C'est ainsi qu'elle ménageait avec soin sa réputation, pour avoir toujours ce sacrifice à faire. » J'ai noté, en outre, quelques détails d'ameublements et de costumes : « Déidamie était vêtue d'une légère simarre de crêpe bleu de ciel, nouée d'une ceinture de pourpre, le cou et le bras nus, sa belle chevelure emprisonnée dans des bandelettes et rassemblée avec une grâce antique sur le sommet de la tête. »

Étonnerons-nous beaucoup de monde en disant que la *Galerie des Femmes* est le début anonyme de M. de Jouy, alors jeune et fringant *incroyable*? Plus tard, le diable devait se faire *ermite;* plus tard aussi, il devait faire rechercher et détruire avec le plus grand soin les exemplaires de cette érotique fantaisie. Ah! mais, nous étions là! — Quérard n'a pas mentionné la *Galerie des Femmes* dans la *France littéraire;* on ne la trouve signalée, sans nom d'auteur, que dans le catalogue de Marc, libraire à Paris (1819).

XXIX

LES QUATRE MÉTAMORPHOSES

Poëmes. A Paris, de l'imprimerie de Plassan, l'an VII de la
République (1799)

Ici nous nous trouvons en présence d'un véritable chef-d'œuvre, dont on a singulièrement exagéré l'immoralité. Fruit de la fantaisie païenne du Directoire, ce poëme, ou plutôt ces poëmes n'ont rien de l'afféterie particulière à cette époque ; dès les premiers vers, il est aisé de s'apercevoir que leur origine remonte à la plus pure et à la plus puissante antiquité. Les grâces de convention, qui se retrouvent à des degrés inégaux chez Dorat, Bernard, Malfilâtre, Colardeau, Bertin (nous faisons quelques réserves à l'égard de Parny), et qui sont l'essence même du xvIII^e siècle, disparaissent d'une façon absolue des *Quatre Métamorphoses*. Ce travail n'a pas été, sur le moment, apprécié comme il aurait dû l'être ; son succès ne lui est venu que de la curiosité et du scandale. Les érudits ont souri, mais eux aussi se sont arrêtés à la superficie du livre ; car, il le faut bien avouer, les érudits, ces porte-lumières, ces éclaireurs du passé, sont quelquefois privés du sens poétique. Ils ont signalé le pastiche, mais le côté créateur leur a échappé presque complétement ; après avoir fait la part à Virgile, à Horace, à Pétrone, et même à Ausone, ils ont oublié de faire la part à l'auteur français, sculpteur délicat de ce camée, digne d'agrafer la ceinture d'une Vénus nouvelle.

Les *Quatre Métamorphoses* forment un in-quarto de soixante-huit pages, papier-carton, caractères de toute beauté. L'auteur est Lemercier, ce novateur dramatique, plus vigoureux et plus original que Ducis, un *chercheur*, comme on dirait aujourd'hui, qui a cherché et trouvé un beau drame antique, *Agamemnon*, et quelques comédies d'un caractère étrange : *Plaute, Pinto, Christophe Colomb*. Au milieu de sa jeunesse, de sa réputation littéraire et de ses succès dans une société vêtue de gaze, il consacra une année à parfaire — dirai-je dans le silence du boudoir ? — le badinage des *Quatre Métamorphoses*. Beaumarchais, à qui Lemercier communiqua son manuscrit, s'en enthousiasma justement ; ce fut lui qui conseilla la magistrale édition in-quarto.

Publiées sans nom d'auteur, les *Quatre Métamor-*

phoses ne se retrouvent plus aujourd'hui que dans quelques bibliothèques d'amateurs. Par une analyse et des extraits, nous allons en conserver ici tout ce qui peut être lu. Elles se composent de quatre petits poëmes distincts et d'une étendue à peu près égale, rimés en alexandrins : *Diane, Bacchus, Jupiter, Vulcain*. Une introduction, que nous donnons tout entière, trahit les scrupules du poëte et le montre s'efforçant d'atténuer ses torts envers la morale, à l'aide d'exemples fameux qu'il groupe en stances aussi spirituelles que paradoxales :

> Minerve, as-tu flétri ces maîtres du Parnasse
> Qui chantèrent des dieux les plaisirs clandestins ?
> As-tu puni Phébus, que charmait leur audace,
> Et qui joignit son luth à leurs chants libertins ?
> Parle : as-tu fait rougir l'antique Mnémosyne
> Consacrant Jupiter égaré par l'Amour ?
> L'affront d'Io, d'Europe, et l'impure origine
> Des frères immortels que Léda mit au jour ?
> Le difforme Centaure enlevant Déjanire ?
> Myrrha goûtant l'inceste au lit du vieux Cinyre ?
> Hermaphrodite épris de son sexe douteux ;
> Et Saturne, en coursier, hennissant pour Phillyre,
> Et le docte Chiron, monstre né de leurs feux ?
> Au chantre de Téos tu pardonnas Bathylle,
> Et le jeune Alexis au modeste Virgile.
> Ton courroux, ô déesse ! est-il si dangereux ?
> — Non, me dis-tu : je hais cette âpre tyrannie
> Qui s'arme injustement d'hypocrites rigueurs ;
> Les transports de l'esprit n'accusent point les cœurs

> Je vis des fictions où se plaît le génie.
> Ainsi parle Minerve : elle fuit, et ma voix
> Célèbre en liberté, sur les monts d'Aonie,
> Bacchus, Amour, ses feux, ses erreurs et ses lois.

Voilà le lecteur prévenu. Mais qui pourrait s'arrêter après cet aimable exorde ! Le feuillet est vite tourné, et l'on entre dans le premier poëme : *Diane.* Puisqu'il s'agit d'amour, Endymion ne saurait être loin ; aussi l'aperçoit-on, en effet. L'innocent berger des montagnes de la Carie repose, endormi, comme la peinture nous l'a toujours uniformément représenté, dans une grotte inconnue au soleil. Trois nymphes, Olphée, Aglaure et Doris, fuyant les ardeurs du jour, s'arrêtent à le contempler. Peu à peu, s'enhardissant, l'une d'elles imprime un baiser sur ses cheveux noirs ; l'autre prend plaisir à l'enchaîner avec des fleurs ; la troisième lui lance en riant des noisettes.

> Cependant le berger, agité par leurs cris,
> Dans les bruyants éclats dont leur gaîté s'amuse,
> Reçoit d'un lent réveil la lumière confuse.

Il se réveille enfin tout à fait ; il les voit, mais sans trouble, et rappelant à lui son chien et son troupeau : « Ménades, laissez-moi, dit-il ; cessez vos piéges, et retournez vers l'impur satyre ! » Les nymphes en fureur crient vengeance, et le dieu des jardins, qui les entend, promet de les exaucer. Le dieu des jardins est puissant ; mais Diane multiplie ses métamorphoses pour veiller sur Endymion. Non contente de descendre vers lui, le soir, sur une nue pâle, elle emprunte pendant le jour la forme de la chèvre Amalthée :

> L'œil inquiet, la corne en arcs se recourbant,
> La barbe en double tresse à ses genoux tombant.

Cette dernière métamorphose lui est fatale ; le dieu des jardins (nous continuons à ne pas l'appeler par son nom) la reconnaît, et, à son tour, il apparaît en bélier. A cet endroit du poëme, l'action atteint son plus haut degré d'intérêt, mais il serait difficile à notre plume d'en suivre les épisodes : ils deviennent trop hardis. C'est dommage. Diane est vaincue, voilà le dénoûment, et elle remonte dans le ciel cacher une rougeur dont Endymion ignorera toujours le secret.

Nous aurons notre analyse plus complète et plus aisée avec *Bacchus*, qui représente, selon nous, le morceau éclatant de l'ouvrage.

> Bacchus veut dans Athène enseigner ses mystères ;
> Il fuit du Cithéron les rochers solitaires,
> Qui, troublés par les cris des filles d'Agénor,
> De hurlements sacrés retentissent encor.

Palès, Faune et Priape, égypans et bacchantes,
Nymphes des eaux, des bois, Satyres, Corybantes.
Les flambeaux, ou le thyrse, ou la coupe à la main,
De leur foule bruyante inondent le chemin.
Les uns mêlent leurs cris aux chansons phrygiennes,
Et la flûte sonore aux danses lydiennes;
D'autres frappent les airs et les monts reculés
Du son des chalumeaux à leur haleine enflés.
Là, du Céphise au loin s'ébranle le rivage
Aux longs accents aigus que pousse un cor sauvage,
Et des cercles d'airain sous les coups résonnants
Le bruit se fait entendre à mille échos tonnants.

Plus loin, en se roulant, la Ménade enivrée
Montre de doux appas sous une peau tigrée
Qui revêt son épaule et flotte au gré des vents,
Cachant ses ongles d'or en de longs plis mouvants.

L'onagre appesanti porte le vieux Silène;
A pas lourds et tardifs il descend dans la plaine.
Les Nymphes, enlaçant leurs thyrses en berceau,
Ombragent de son corps l'immobile fardeau,
De ses yeux incertains la flamme est presque éteinte;
Et les bourgeons vermeils dont sa figure est peinte
En allument les traits, doucement égayés
Par les vapeurs du vin où ses sens sont noyés.

Arrivé sous les murs d'Athènes, Bacchus voit se diriger au-devant de lui une double file de vierges; elles apportent les présents du roi Pandion. La plus belle de toutes, Érigone, fille d'Icare, marche à leur tête : elle offre au dieu un vase d'or enlevé autrefois à Vulcain par Cécrops, et où l'habile ouvrier a retracé les combats de Gnide. Bacchus reçoit le vase, et déjà sa lubricité a désigné Érigone pour victime.

Pandion arrive à son tour, suivi des principaux citoyens d'Athènes ; le sage Pandion veut présider aux fêtes qui se préparent.

> Lui-même aux yeux des Grecs, sur les trépieds dorés,
> Brûle en l'honneur du dieu les parfums consacrés,
> Choisit dans ses troupeaux, jeune et riche espérance,
> Un bouc, signe fécond d'amour et d'abondance,
> Le frappe de la hache, et le porte, luttant,
> Aux autels dont le feu le dévore à l'instant.
> Et de vin et de lait versant un doux mélange :
> « Puissant fils de Sémèle, ô Dieu de la vendange !
> » Viens étaler la pourpre et l'or de tes raisins.
> » De tous soins dégagés, libre de noirs chagrins,
> » L'homme chante l'ivresse où ton nectar le noie
> » Et respire l'audace, et l'amour, et la joie !
> » Tu règnes au delà des fleuves et des mers ;
> » C'est toi qui, t'égarant sur les sommets déserts,
> » Des prêtresses en foule à ta suite hurlantes
> » Enlaces les cheveux de couleuvres sifflantes.
> » Ami des chants de paix et des cris belliqueux,
> » Tu te plais dans la guerre et tu chéris les jeux ;
> » Et lorsqu'au noir séjour, dont il garde l'entrée,
> » Te reconnut Cerbère à ta corne dorée,
> » Ses aboyantes voix grondèrent sans courroux,
> » Et de sa triple langue il flatta tes genoux. »

Ce discours terminé, les fêtes commencent. On se répand dans les bois d'ifs et de pins ; les torches s'allument aux mains des bacchantes et sèment leurs étincelles à travers les branchages. Un enfant blond, coloré d'une flamme vermeille, est entraîné et roulé sur le gazon : c'est l'Amour, qu'ont enivré les Thyades. Plus loin, un satyre poursuit Euchalie, frappée du thyrse et les yeux égarés par les fruits de la vigne ; elle fuit, et deux charmants vers marquent son passage :

> Son cothurne, tissu de fleurs à peine écloses,
> Laisse voir ses talons plus vermeils que les roses.

D'autres nymphes se dessinent sur les masses sombres du feuillage ; formes précises, contours voluptueux mais arrêtés. L'une d'elles :

> Son front, coiffé des crins d'un monstre de Némée,
> Est ombragé des dents dont sa gueule est armée ;
> Et leur ivoire affreux, leurs débris menaçants,
> Relèvent la douceur de ses yeux ravissants.

La peinture ne ferait pas mieux. Toute la bacchanale est conduite avec cette sûreté de verve. Des points lumineux, des rimes inattendues, jaillissent à chaque instant de l'alexandrin maîtrisé. Les tableaux et les épisodes se multiplient, rappelant tour à tour le Corrége et l'Albane, et plus souvent encore Rubens. Écartez plutôt ces feuilles, et voyez :

> Silène, au loin couché, dormait sous de vieux chênes.
> Un nectar bu la veille avait enflé ses veines;
> Sa couronne tombait pendante sur son sein;
> L'anse d'un vase usé s'échappait de sa main.

N'est-ce pas que cela semble attendre le graveur? Les cent détails de cette œuvre artiste n'en font cependant pas perdre de vue le groupe principal : la lutte amoureuse d'Érigone et de Bacchus, terminée par la métamorphose du dieu en berceau de vigne.

> Imprudente! elle court, à ses fruits attirée,
> Et, par sa prompte course et ses feux altérée,
> S'abreuve à ses raisins et pend à ses rameaux...
> Mais tel qu'on voit le lierre embrasser les ormeaux,
> Telle aussitôt la vigne, amante d'Érigone,
> De ceps entrelacés l'enchaîne et l'environne.

Jupiter, le troisième poëme du volume, ne peut guère être raconté. En voici l'épigraphe : ... *Rapti Ganymedis honores* (Virgil. *Æneid.* lib. I, v. 28). L'auteur, indiscrètement inspiré, commence par y dépeindre la chute d'Hébé au festin de l'Olympe. L'abandon de Junon, la mélancolie de Narcisse, et finalement la métamorphose de Jupiter en aigle, métamorphose qui lui sert à enlever le jeune fils de Tros, surpris sur l'Ida, tels sont les éléments de ce poëme, aussi mouvementé que les autres, mais moins fertile en images riches et belles.

Les côtés dramatiques de Lemercier se développent dans *Vulcain;* la figure charbonnée et rude de ce pauvre dieu est bien rendue. Plus de roses, plus de lèvres pâmées au bord des coupes, plus d'éclats de rire au détour des bois. A la place, un boiteux, un travailleur de nuit et de jour, un butor qui est marié et qui est jaloux, — une vraie nature d'homme enfin, au milieu de tous ces dieux goguenards et bellâtres. Disons, puisque l'occasion s'en présente, combien il excite notre pitié, ce Vulcain toujours occupé à plaider en adultère, mais non en séparation, et de qui se moque continuellement et si injustement une mythologie sans cœur. Il est la seule réelle passion dans ce ciel d'opéra, la seule colère touchante. Quand les autres s'occupent à manger de l'ambroisie ou s'amusent à faire battre des Troyens contre des Grecs, il pleure ou serre les poings. Et comme il est absurde dans ses vengeances! comme on sent le martyr jusque dans cette invention désespérée des filets! Nous le plaignons de tout notre cœur; et après Voltaire, qui s'en est moqué, ce nous est une satisfaction de voir l'auteur des *Quatre Métamorphoses* prendre au sérieux ce malheureux forgeron.

Pour début, une description des antres de Lemnos nous le montre tout noir de fumée et de cendre, gourmandant ses cyclopes, Bronte, Pyracmon, Stérope aux bras nerveux. Éole fait aller la forge avec son souffle. Le marteau retentit sur l'airain et sur l'or ; des trépieds sont jetés pêle-mêle avec l'égide de la déesse de la guerre, où l'on voit gravées la Fuite, la Peur et la Gorgone. Les murs du palais déroulent en merveilleux lambris l'enfance difforme du dieu, sa chute violente dans l'Océan, et le fauteuil aux ressorts perfides qu'il fabriqua pour enchaîner les efforts de Junon.

> Tandis qu'autour de l'âtre où le fer étincelle,
> Des Calybes fumants il excite le zèle,
> Il aperçoit un arc, un carquois, et des dards
> Restés sur une enclume et sur la terre épars.
> « Sont-ce là vos travaux, Cyclopes infidèles ?
> » Vous forgez à l'Amour ces flèches criminelles
> » Dont ma perfide épouse, au mépris de sa foi,
> » A trop souvent armé ses charmes contre moi ! »
> Il dit, et jette au loin les flèches détestées.

Le drame s'agite et ne demande qu'à ouvrir les ailes. Vulcain apprend les rendez-vous de Vénus et d'Adonis ; il s'emporte, et cette fois jure de se venger effroyablement :

> ... Dépouillant et sa forme et ses traits,
> Vulcain n'est plus un dieu, c'est l'horreur des forêts,

C'est un tigre ! il s'apprête à dévorer sa proie.
Cet espoir fait briller, aux rayons de la joie,
L'opale de son œil farouche et flamboyant.
Ses flancs marqués de feux et son dos ondoyant,
Sa rage tout à coup muette ou rugissante,
Aux rochers du Liban vont porter l'épouvante.

Cette irruption de la passion dans les *Quatre Métamorphoses* fait merveille : le vers se durcit, l'image se rougit, le poëte des Atrides se révèle. Vulcain se rue à travers les amours bocagères de sa femme ; il renverse Adonis, il le terrasse et le broie. On conçoit que la volupté n'a que faire ici ; le poëme pourrait être cité en entier.

Après avoir dissipé les ombres sanglantes du drame, l'auteur termine par ce tableau délicieux :

> Mais l'Orient s'allume, et déjà tu t'éveilles,
> Aurore ! Au pur éclat de tes couleurs vermeilles
> Se dorent les vapeurs fuyant à tes regards.
> Ta main a soulevé le voile des brouillards.
> Des côteaux éclairés tu domines le faîte ;
> Et des lis sous les pieds, des roses sur la tête,
> De perles rayonnante, humide encor de pleurs,
> Tu t'avances ; tes pas font éclore les fleurs.
>
> Enflammez mes esprits d'un aimable délire,
> Muses, et pardonnez aux crimes de ma lyre.

Ce pardon s'est fait attendre longtemps. Des contemporains se sont dressés sur les ergots de la morale. Le petit libraire Colnet, dans son mauvais et pédantesque volume, *les Étrennes de l'Institut national, ou la Revue littéraire de l'an VII*, a déploré vivement « cet écart d'un jeune homme qui a donné aux amateurs de la scène française les plus belles espérances. » A côté de cela, Colnet choisit et cite les morceaux les plus scabreux. — L'auteur anonyme du *Tribunal d'Apollon* (an VIII), mal informé, croyons-nous, a attribué la publication des *Quatre Métamorphoses* à la *nécessité de vivre*. « On ne vit pas de gloire, dit-il, on ne paye pas son loyer avec un récit de Théramène. Les repas se succèdent si rapidement, tandis qu'on élabore lentement une œuvre dramatique! » Le pamphlétaire se trompe : ce petit poëme a coûté plus de temps et de soins à Lemercier qu'une longue tragédie.

Un des bons recueils d'alors, aujourd'hui très-consulté, *la Décade philosophique, littéraire et politique*, trouva des paroles plus sensées dans son numéro du 20 germinal an VII : « C'est un tour de force qui, mettant à part toute considération morale, peut intéresser les littérateurs et tend à *repoétiser* notre langue, devenue trop timide. » Le fait est qu'on rencontre dans les *Quatre Métamorphoses* des tours de phrases qui, jugés comme extrêmement audacieux sous le Directoire, parce qu'ils étaient extraits trop brutalement du filon des mines grecque et latine, défrayent aujourd'hui le vocabulaire usuel de la réaction païenne.

Nous sommes un peu surpris que l'auteur des *Feuilles d'automne*, qui occupe à l'Académie le fauteuil de Lemercier, n'ait pas appuyé davantage, dans son discours de réception, sur ce côté très-intéressant des mérites de son prédécesseur.

DESFORGES

I

Un des plus beaux magasins de Paris était, il y a cent ans environ, le magasin de porcelaines situé rue du Roule, et ayant pour enseigne : *Au Balcon des deux Lions blancs*. Cette maison, dont le chef jouissait d'une réputation de loyauté et de bonhomie incontestable, devait donner le jour à l'un des plus aimables libertins du xviiie siècle, Pierre-Jean-Baptiste Choudard-Desforges, qui fut un poëte et un romancier toutes les fois que l'amour lui en laissa le loisir. Son histoire peut se raconter derrière l'éventail, et ceux de nos contemporains qui voudront bien y prêter l'oreille souriront peut-être à ce récit considérablement abrégé des folies d'un autre âge et d'une autre littérature.

Le temps est loin où nous comparions les femmes à des fleurs, et où M. de Saint-Luce se faisait précéder par une botte de roses chez Fanchon-la-Vielleuse, tout exprès pour avoir l'occasion de lui dire : *Je vous rends à vous-même.* Dans ce temps-là, nous n'avions pas assez d'encens pour les femmes, que les auteurs les mieux à la mode qualifiaient de déesses, de déités, de nymphes, d'Hébés et de Vénus, qu'ils plaçaient dans des nuages, une harpe à la main, et qu'ils ornaient de flottantes écharpes. Nous n'avions pas alors abandonné seulement aux tout jeunes lycéens le culte des médaillons, des rubans volés et gardés sur le cœur, des lettres aux demi-mots effacés par les larmes, et des violettes séchées entre les pages de *La Nouvelle Héloïse*. Une femme était à nos yeux le chef-d'œuvre de la création, et les madrigaux fleurissaient sur nos lèvres à son approche. Aujourd'hui que lord Byron, le jardin Mabille et beaucoup de romans modernes ont remplacé notre respect d'autrefois par un scepticisme insolent, il m'a semblé qu'une étude enjouée de la galanterie, telle que la comprenaient et la pratiquaient nos pères, ne viendrait pas hors de propos.

Choudard-Desforges fut un enfant de l'amour : ainsi le voulait son étoile. L'honnête marchand de porcelaines, dont la cécité en matière conjugale paraît avoir toujours été des plus complètes, comptait trop sans les amis de sa maison, et particulièrement sans le médecin de sa femme, séduisant Esculape, qui faisait les blessures qu'il guérissait. Mme Desforges n'était pas précisément jolie, mais elle était avenante, spirituelle et *faite au tour,* fin mot du temps, comme nous en rencontrerons beaucoup dans le cours de cet article. Le médecin ne put la voir sans l'aimer, et l'aimer sans la voir. Mais notre héros ne s'en appela pas moins Desforges, bon gré mal gré. *Pater est quem nuptiæ demonstrant.*

Son enfance ne se signala par aucun événement remarquable. Il fut élevé à dix-sept lieues de Paris, dans un village voisin de Chartres, où il eut pour distraction première le spectacle des amours de *Monsieur Lindor* et de *Mademoiselle Lucile,* lesquels étaient, sauf votre respect, deux gros vilains cochons marrons. Plus tard, on le mit au collége de Beauvais, rue Saint-Jean-de-Beauvais, aujourd'hui l'une des rues les plus tristes et les plus malpropres de Paris. Au collége, le jeune Desforges eut l'avantage de compter au nombre de ses professeurs le joli petit abbé Delille, qui s'occupait déjà de sa traduction des *Géorgiques,* et que les écoliers avaient surnommé entre eux l'*Ecureuil* ou le *Sapajou,* car il possédait tout à la fois la grâce, la gentillesse, la vivacité et la malice de l'un et de l'autre. L'abbé Delille était fort bien fait, et aimait assez un beau bas de soie noire autour de sa jambe fine et bien tournée. Du reste, presque aussi enfant que ses élèves, il se faisait un plaisir et même un mérite de se mettre avec eux sur le pied d'égalité, et tout n'en allait que mieux.

Je ne dirai pas que Choudard-Desforges fit de grands progrès dans les langues grecque et latine. Il approchait déjà de la *fulminante* époque des passions, pour lui emprunter un de ses mots expressifs. Qu'on se représente un blond un peu châtain, d'une taille moyenne mais bien proportionnée, d'une figure fraîche, colorée, douce et assez significative ; très-svelte, très-vif, très-agile, et passablement adroit. Ajoutez à cela une complexion vigoureuse et le tempérament sanguin dans toute la force du terme. Pour le moral, espiègle comme un singe, colère comme un dindon, friand comme un chat, étourdi comme un hanneton, paresseux comme une marmotte, vaniteux comme un paon. Tel était Desforges à l'âge de quatorze ans.

Son premier amour fut le meilleur, le plus simple et le plus touchant, du reste comme presque tous les premiers amours; il eut pour objet une jeune fille encore naïve, et ne dura que juste le temps qu'il faut pour parfumer l'âme sans y laisser regret ni repentir. Dans la nombreuse galerie des femmes que nous allons parcourir, il nous arrivera de rencontrer bien souvent la passion, le caprice, la volupté, mais nous retrouverons rarement la grâce et les enchantements du point de départ. C'est comme un pastel bien tendre et bien ingénu qui précéderait en un musée les opulences de la peinture vénitienne.

On saura que M. Desforges père, homme très-actif et d'un caractère très-entreprenant, joignait à son brillant commerce de porcelaines un immense magasin de fleurs artificielles, tant pour les modes que pour les desserts. Son atelier était composé d'une trentaine d'ouvriers, hommes et femmes, parmi lesquels se trouvaient des fillettes fort jolies et fort gaies, une surtout, mademoiselle Manon, petit ange façonné par les mains des Grâces. De beaux cheveux d'un blond cendré tombaient en désordre sur son front blanc et ouvert, qui surmontait deux grands yeux bleus d'une sérénité angélique. Le nez fin, la bouche petite, le menton à fossette, tout cela formait une tête charmante posée sur un corps de quinze ans.

Toutes les Manon ne sont pas des Manon Lescaut, heureusement pour elles et pour nous. La Manon de Desforges se contentait d'être une mignonne petite fille, amoureuse et bien douce. Il semble que les poëtes et les peintres du xviiie siècle aient emporté avec eux la recette de ces impalpables créatures, toutes calquées sur l'Accordée de village, avec des roses sur les joues et des bluets dans les yeux, comme on a dit ; jolie et remuante population de ravaudeuses et de bouquetières en belles petites coiffes blanches, en jupons à raies, montées sur des mules à hauts talons ; monde coquet dont Moreau le jeune a dessiné le dernier sourire, et dont le Cousin Jacques a noté le dernier soupir.

Manon ne fit que passer dans le cœur de Desforges ; mais c'est égal, j'aime mieux, pour la poésie du récit, qu'il ait dû son initiation amoureuse à cette innocente en cheveux blonds qu'à une douairière rusée, minotaure en paniers et en poudre de Chypre. Au moins ses premières sensations ont été franches, et, si plus tard la voix des sens doit seule s'élever chez lui, nous nous souviendrons que cet homme eut un cœur et qu'il aima la première fois.

Pauvre Manon ! elle dura ce que durent les vacances, l'espace d'un mois ou deux ; puis vint la rentrée des classes : Desforges retourna à ses livres, et Manon retourna à ses fleurs artificielles. Ce que devint Manon, que nous importe ? Sait-on jamais ce que devient notre première maîtresse, lorsqu'elle ne redevient pas notre dernière ? Je crois pourtant que l'on maria Manon et que Manon se trouva très-heureuse d'être mariée.

Desforges, ce fut autre chose. Son esprit avait été

mis en éveil par cette première et facile intrigue. Sur son petit matelas de collége, il se surprenait à rêver de plus hautes et de plus romanesques amours; il voyait passer en songe des *beautés* que le pinceau d'un faible mortel ne saurait rendre (toujours style du temps); il aspirait après quelque grande dame inconnue; il dévorait, à la clarté de la lune, les histoires intéressantes de madame de Tencin et de l'abbé Prévost. Si bien que son bon génie le prit à la fin en pitié, et lui envoya une aventure telle qu'il la souhaitait.

Le dortoir du collége de Beauvais donnait d'un côté sur la cour de récréation et de l'autre sur la rue des Carmes. Or, une nuit que le printemps tenait Desforges éveillé, il entendit soudainement une voix charmante, — voix de femme! — qui semblait partir d'une maison située précisément vis-à-vis de la fenêtre près de laquelle il couchait. Cette voix chantait l'ancien air du *Confiteor* sur ces paroles alors en vogue :

> Mon père, je viens devant vous,
> Avec une âme repentante, etc.

Desforges sauta doucement hors de son lit et s'avança vers la fenêtre de la rue des Carmes. La nuit était trop profonde pour qu'il distinguât quelqu'un. Mais la voix continuant, il n'en fallut pas davantage pour donner des ailes à sa jeune imagination. Dès lors il ne respira plus que pour ce fantôme invisible, et ce fut avec l'impatience d'un esprit de quinze ans qu'il attendit le lever de l'aurore, afin de prendre connaissance de la demeure qui renfermait la nouvelle dame de ses pensées. Il aperçut un jardin carré d'un quart d'arpent à peu près, dont le mur, tapissé en certaines parties de vigne vierge, s'élevait dans la rue des Carmes à une hauteur de quinze à seize pieds. Le corps de logis, qui paraissait très-vieux, avait trois étages, sans compter un grenier. Ces premières observations recueillies, Desforges chercha, toute la journée, mille prétextes pour aller et venir dans le dortoir, en se flattant de l'espérance de voir le mystérieux objet, — le xviiie siècle appelait les femmes des *objets!* — qui remplissait déjà sa pensée tout entière. A l'heure du goûter, seulement, il lui fut donné de satisfaire sa curiosité. Étant monté à sa chambre, il vit dans le jardin d'en face une jeune femme d'environ vingt à vingt-un ans, vêtue d'une robe blanche. De beaux cheveux noirs se répandaient négligemment par boucles sur ses épaules et étaient rattachés au-dessus du front par un ruban ponceau, qui formait diadème. Sa taille, haute et très-bien prise, était svelte et déliée, sa démarche aisée et noble. Elle se promenait un livre à la main ; de temps en temps elle lisait, d'autres fois elle levait au ciel des yeux d'un éclat incroyable. Un tel spectacle était bien fait pour troubler la cervelle pétulante de Desforges. A un moment où la dame, sans doute bien innocemment, dirigeait son regard vers la fenêtre du collége, il se hasarda à la saluer; elle lui rendit son salut en rougissant, *ce qui la rendit belle comme un ange.* Par malheur, la cloche sévère vint interrompre cette agréable distraction, et Desforges dut rentrer en classe pour n'exciter aucun soupçon ; mais il employa tout le temps de l'étude à chercher un moyen de faire avec cette adorable voisine une plus ample connaissance.

Entre le quartier et le dortoir, il y avait un corridor assez long qui aboutissait à une chambre donnant également sur la rue des Carmes. Cette chambre, où les élèves allaient se faire poudrer les jours de congé, fut celle que Desforges choisit cette nuit même pour y établir ses batteries, aussitôt qu'il se fut assuré du sommeil général. Vers onze heures, une petite toux se fit entendre, avant-courrière de la chanson tant désirée ; et, de même que la veille, les notes argentines et larmoyantes du *Confiteor* s'élevèrent dans le silence de l'ombre. A peine la jeune femme eut-elle achevé son dernier couplet, que Desforges, tâchant d'affermir sa voix, qu'il avait jolie, lui répondit sur le même air :

>Si j'avais pu, sans m'enflammer,
>Ecouter une voix si tendre ;

> Si j'avais pu, sans vous aimer,
> Vous entrevoir et vous entendre,
> Serait-ce, hélas ! un si grand tort ?
> Vaudrait-il un *Confiteor* ?

Pour un écolier de quinze ans, ce n'était déjà pas si mal trouvé. Le plus grand silence succéda à ces paroles qui avaient été chantées à demi-voix, mais de manière cependant à pouvoir être entendues. Il tremblait que sa hardiesse n'eût été désapprouvée, lorsque la belle, sur un ton plus bas, termina par ce couplet consolant :

> Allez en paix, ma fille, allez, etc.

Ce fut le signal de sa retraite. Choudard-Desforges l'entendit sortir du jardin et fermer les portes derrière elle. Le cœur délicieusement ému, il regagna son dortoir sur la pointe du pied, et, comme la nuit dernière, l'amour fit la ronde autour de ses yeux pour les empêcher de se clore.

Le lendemain, même manége. Mais cette fois il ne fut plus question de l'air accoutumé : la jolie voisine chanta tout du long, avec un charme inexprimable, la romance du *Maître en droit*, alors dans sa nouveauté et qui jouissait d'une vogue prodigieuse. C'était l'air si adroitement enclavé, longtemps après cette aventure, dans *Le Barbier de Séville* :

> Tout me dit que Lindor est charmant.

Comme cette romance ne laissait pas d'avoir une certaine étendue, elle donna le loisir à Desforges de chercher une réponse dans le répertoire qu'il connaissait, et il s'arrêta à ce morceau de *On ne s'avise jamais de tout;*

> Je ne puis voir l'aimable Lise,
> En vain mes yeux cherchent les siens.
> Amour, souris à l'entreprise
> Qui doit serrer nos doux liens.

Une répétition bien marquée du premier vers de la romance

> Tout me dit que Lindor est charmant, etc.,

fut la réponse.

Le son animé de la voix, la lenteur avec laquelle on se retira, les petits accès de toux qui se manifestèrent, et auxquels Desforges répondit en toussant un peu lui-même, tout cela persuada à ce dernier que l'affaire était en bon train, et qu'il pouvait risquer les grands coups. Risquer les grands coups, c'était écrire. Il écrivit donc, et l'on connaît le prototype de ces sortes de lettres : « Qui que vous soyez, ange du ciel, qui êtes venu au secours d'un cœur né pour la tendresse, jetez l'œil de l'indulgence sur ce cœur enivré de vos charmes ! » Lorsqu'il eut noirci suffisamment de pages sur ce rhythme, il s'avisa, pour faire parvenir sa missive, d'un moyen tout à fait digne d'un écolier : il décousit un des côtés de sa balle à jouer et y glissa la lettre entre laine et peau ; puis, au moment du goûter, c'est-à-dire à l'heure où son inconnue se promenait, après l'avoir saluée d'un air significatif, il fit voler la balle dans son jardin. La réponse ne se fit pas attendre. Un vieux domestique vint demander à parler à M. Desforges et lui remit son jouet, soigneusement recousu, mais enveloppant un papier tout rempli d'une écriture fine et serrée. On connaît aussi le genre de ces réponses : « Qu'avez-vous fait, cruel et trop intéressant jeune homme ? Pourquoi venir troubler la paix qui commençait à renaître dans un cœur longtemps malheureux ? »

Nous nous dispenserons de suivre plus loin cette intrigue, qui eut d'ailleurs, comme toutes les intrigues de Choudard-Desforges, le dénoûment heureux qu'elle devait avoir. La chanteuse de la rue des Carmes était une jeune veuve qui s'ennuyait, madame Herminie de K... La veille du jour où elle et lui convinrent d'un rendez-vous, on les entendit chanter en duo avec beaucoup d'expression ce joli air de Dorval dans ce même opéra de *On ne s'avise jamais de tout:*

> Amour, achève ton ouvrage,
> Amène Lindor en ces lieux !
> Sur nos transports jette un nuage
> Qui les dérobe à tous les yeux.....

Eh bien! voilà ce qui me confond et qui m'a perpétuellement confondu dans les histoires galantes de ce XVIII® siècle! c'est de voir tous ces petits bonshommes encore barbouillés de confitures, ces Faublas, ces Monrose, ces Desforges, tous ces séducteurs de quinze ans, au menton lisse comme des demoiselles, se comporter en affaires d'amour avec l'aplomb imperturbable des plus vieux et des plus éreintés maréchaux de France. Je ne sais où ils vont puiser leur langage toujours *de feu,* ni chez quel confiseur ils commandent leurs compliments ; mais tout cela est horrible d'expérience, et ce qui est le pire, c'est que cela réussit toujours! En vérité, ces charmants petits scélérats, dont on ne trouve plus aujourd'hui le souvenir que dans les vaudevilles à travestissements, paraissent avoir été les derniers Français de la tradition frivole : tête à l'évent, jambe moulée, esprit superficiel, et le reste.

Voyez plutôt notre héros : comme il vole de conquête en conquête! Quel Don Juan bourgeois que ce jeune M. Choudard, l'enfant du marchand de faïence! Notez bien que, pour ne pas trop vous humilier, j'ai l'attention de laisser de côté une foule d'amourettes, et entre autres certaines aventures avec *une dévote,* femme d'environ trente-six à trente-huit ans, d'un blond fade, mais d'un attrayant embonpoint. J'oublie également à dessein une demoiselle Juliette, camériste vingt fois plus avancée que les femmes de chambre de Marivaux, appétissante coquine au fichu de laquelle manquaient bien des épingles. Je vous fais grâce de l'éternelle et inévitable histoire de couvent, au rendez-vous donné à la grille du parloir, des murs escaladés, de l'échelle de corde et de la voiture qui attend *à vingt pas*. Je glisse sur de dangereuses leçons de musique données à mademoiselle Adélaïde, et sur l'accord parfait qui s'ensuivit. Je fais semblant de ne pas voir mademoiselle Thérèse, la petite dentellière de la rue du Renard, non plus que mademoiselle Ursule et mademoiselle Morisse. En conscience, il faudrait épaissir trop de gaze autour de ces épisodes compromettants, et j'y renonce.

II

Mais l'auteur? commence-t-on à dire; nous ne voyons pas venir l'auteur au milieu de tout cela. Le fait est que jusqu'à présent la vocation littéraire de Desforges, — si vocation il y eut, — ne s'était autrement révélée que par quelques bouquets à Chloris et deux ou trois tragédies dignes du feu. A sa sortie du collège, on essaya d'en faire un médecin; il se laissa faire; mais sur le chemin des écoles, et particulièrement dans la rue de la Bucherie, il y avait de si agaçants minois aux vitres des fenêtres ! Bref, la seule cure qu'il entreprit fut celle de M. Bibi, un très-aimable chat qui avait les reins fracturés. M. Bibi appartenait à une ravissante Génoise, femme d'un consul de France à Alicante.

Au bout de quelques mois, M. et madame Desforges, s'apercevant que leur fils ne serait jamais bien apte à déchiqueter des muscles, scier des crânes, injecter des artères, le mirent chez le peintre Vien, où il ne tarda pas à faire connaissance avec plusieurs jeunes gens de mérite, mais où il ne fit aucune connaissance avec la peinture. Il coûta trois mois d'école et ne prit guère plus de trois leçons, occupé qu'il était à courir les jeux de paume et à hanter les spectacles de société. Son père voulut confier à sa canne le soin de lui faire entendre raison ; Desforges esquiva l'entretien ; mais, à partir de ce moment, la bourse paternelle lui fut hermétiquement fermée. Puis, après la bourse, ce fut la maison. De sorte qu'un matin, il se trouva sur le pavé, avec un gros sou dans sa poche pour toute fortune. Il donna le gros sou à un pauvre qui l'importunait.

Au XVIIIe siècle, à Paris, il était rare qu'un beau garçon mourût de faim, et nous avons laissé à entendre que Choudard-Desforges aurait pu remplacer l'Antinoüs sur son piédestal. Cependant, ce ne fut ni mademoiselle Adélaïde, ni mademoiselle Thérèse, ni mademoiselle Juliette qui vinrent à son secours ; ce fut un brave musicien qui lui donna des ariettes à copier. On comprend qu'il ne gagna pas gros à ce métier, illustré par tant d'infortunes célèbres : aussi fut-il bientôt obligé de vendre l'habit de son grand-père maternel, un magnifique habit noisette à boutons d'or. Il ne lui resta plus que l'habit de son aïeul paternel, c'est-à-dire un vieil habit de noces en peluche bleue avec des olives, et un haut-de-chausses cramoisi doublé de peluche de soie blanche ; la teinture de l'habit était si bonne qu'elle gâtait son linge, ses mains, son menton et tout ce qu'elle approchait. Le surplus de son trousseau se composait de trois chemises, de deux paires de bas de soie, d'une demi-douzaine de cols de basin rayé à carton, et de deux épées, l'une d'acier et l'autre de deuil. Des souliers à boucles et un petit chapeau rond bordé, campé crânement sur le bord d'une oreille rubiconde, complétaient son ajustement d'une modestie à peine suffisante, mais rehaussé par cette assurance et cet aplomb que donnent toujours les avantages extérieurs.

Ce fut dans ce mince équipage qu'il s'avisa de courtiser la poésie. Costume oblige. Il s'y prit d'abord un peu moins bien qu'avec les fillettes, mais enfin il fit ce qu'il put, et, dans sa petite chambre à quatre francs par mois, rue Saint-Honoré, il rima quelques opéras-comiques dont il n'a conservé plus tard que les titres. Il y avait déjà près d'un an qu'il vivait de la sorte, lorsqu'un matin il fut éveillé en sursaut. — Qui est là ? demanda-t-il. — Ouvre, c'est moi. — Desforges reconnaît la voix de sa mère ; il passe à la hâte une mauvaise robe de chambre et court ouvrir. Madame Desforges, dont les yeux fatigués annoncent des larmes récentes, tombe sur un siége. Elle garde un morne silence. — Qu'avez-vous ? s'écrie-t-il en lui prenant les mains et en l'interrogeant avec la plus vive sollicitude. — Mon ami, il y a deux jours que ton père n'a mangé. — Grand Dieu ! — Ses ouvriers, qui ne sont point payés depuis longtemps, refusent de travailler. Toutes nos ressources sont épuisées. J'ai recours à toi, mon enfant. — Ah ! ma mère ! ne perdons pas une minute... Desforges s'habille et sort. Où va-t-il ? partout, chez ses amis, chez ses ennemis, chez les indifférents ; il bat la moitié de Paris sans succès : il se désole, il s'essouffle, et enfin il revient le cœur plein de douleur et les mains vides de secours. Accablé de lassitude et de besoin, il entre chez un traiteur de la rue des Boucheries, où il prenait ses repas de temps en temps.

Une jeune et jolie fille, nommée Louison, y remplissait l'office de servante. Jusqu'à ce jour il n'avait existé entre elle et Desforges qu'une innocente réciprocité de politesses. Elle s'avança vers lui le sourire sur les lèvres, mais ce sourire disparut aussitôt qu'elle se fut aperçue de sa tristesse. — Vous ne seriez pas bien dans la salle, lui dit-elle; venez dans un cabinet. Il la suivit. — Que voulez-vous pour dîner ? — Je n'ai pas faim, Louison. Il mentait ; mais comment dîner sans argent ? La jeune servante lut probablement son embarras dans ses regards, car, ne tenant aucun compte de sa réponse, elle lui apporta un potage d'un parfum délicieux. Pendant qu'il se laissait aller à la tentation, elle le questionna avec intérêt. Desforges refusa longtemps de répondre ; mais enfin, trahi par sa sensibilité, il avoua le profond dénûment de son père. Louison croisa les mains, pâlit et s'écria : — Ah ! mon Dieu ! est-il possible ? pas mangé depuis deux jours ! Et ses yeux se remplissent de larmes, elle prend la main de Desforges et la presse contre son cœur. — Attendez-moi ! s'écria-t-elle, comme saisie d'une subite inspiration. Et la voilà partie. Quand elle revient, elle est toute rouge, toute hésitante ; elle pose sur la table un gant de peau blanche, et elle veut s'enfuir. Desforges l'arrête. — Qu'est-ce que c'est, Louison ? — Laissez-moi, j'ai affaire. — Louison ! — Je voudrais être plus riche, dit-elle, mais ne refusez pas ces cent écus... Cette fois ce fut à Desforges à s'élancer vers la jeune servante, à s'emparer de ses deux mains et à les couvrir des plus tendres baisers !

Le marchand de porcelaines fut secouru, grâce à cette noble et généreuse fille ; mais, comme on n'a pas de peine à le deviner, un plus doux sentiment remplaça bientôt la reconnaissance dans le cœur de Choudard-Desforges. Tant de dévouement eût-il pu le trouver insensible ? Cependant une délicatesse que l'on appréciera le tenait en respect auprès de Louison, et le service même qui avait rapproché leurs âmes était précisément ce qui élevait entre eux une barrière. Pendant huit jours il ne fut préoccupé que d'une seule idée : rembourser Louison, afin de pouvoir l'aimer tout à son aise et d'en être aimé à cœur que veux-tu. Dans ces réflexions, comme il passait rue Mazarine, l'idée lui vint d'entrer à la paume tenue par Masson. Une grande partie s'arrangeait : il manquait un joueur. Masson, le voyant arriver, s'écrie : — Voilà notre homme!—De quoi s'agit-il?—De primer avec monseigneur le duc d'Orléans. C'était une partie de cinq cents louis. Desforges dit tout bas à Masson : — Je ne joue pas d'argent. — Allez toujours, et tenez ving-cinq louis; en cas de perte, il ne vous en coûtera rien ; si vous gagnez, vous aurez un quart dans le pari. — A la bonne heure ! La partie se fait ; Desforges était d'une jolie seconde force d'amateur ; le duc d'Orléans et lui gagnent en trois parties deux mille louis qu'ils emportent tout de suite, et deux cents louis de pari, parce qu'on avait poussé en voyant la veine de leur côté. C'était donc cinquante louis qui revenaient à Desforges pour son quart. Il était modestement occupé à se chauffer dans la chambre des joueurs, lorsqu'un page vint lui dire que Monseigneur le demandait. Desforges se rend à cette invitation. — Vous avez parfaitement joué, monsieur, lui dit le duc d'Orléans ; je serais enchanté que vous fussiez de nos parties toutes les fois que vos affaires vous le permettront. Ensuite, s'approchant d'une table couverte de rouleaux d'or, il en prend un, et le lui mettant dans la main : —Puisque vous m'avez fait gagner deux mille louis, ce n'est pas trop, je pense, de vous en offrir le vingtième, que je vous prie d'accepter.

La joie de Desforges peut aisément se passer de commentaires. Voler chez Louison, et du plus loin qu'il l'aperçut lui crier : — Un cabinet! ce fut l'affaire de moins de dix minutes. Louison obéit sans comprendre, et le même cabinet de l'autre jour les reçut tous les deux; là, sans autre forme de procès, Desforges l'embrassa de toutes ses forces, et, vidant ses poches plus chargées qu'elles ne le furent jamais depuis : — Tiens! vois, mon ange, comme tu m'as porté bonheur! voilà ce que je viens de gagner. — Pas possible! — Très-possible! Vite, Louison, un bon déjeuner! du mâcon vieux, un pâté de Lesage... tout ce que tu voudras! Je t'invite. Louison n'en revenait pas, elle ouvrait ses grands yeux et riait. Desforges fit claquer encore deux baisers sur sa joue de pêche, et l'on se mit à table. Oh! qu'ils sont jolis, ces déjeuners de tourtereaux! La petite nappe blanche resplendissait comme neige, les bouteilles au col élancé avaient le bouchon sur l'oreille; et dans les assiettes coloriées il se faisait un gentil remuement de couteaux et de fourchettes, interrompu par des regards brillants d'amour. On but à la santé du duc d'Orléans et à la santé de Louison, on chanta le beau temps qu'il faisait et les beaux jours que l'on avait à vivre. Un rayon de soleil entré par hasard faisait danser dans un coin les atomes d'or du plancher. Gracieux tableau! Le poëte et la servante n'avaient qu'un verre à tous deux, mais c'était le verre où l'on ne boit qu'à de rares intervalles, c'était le verre du bonheur!

Desforges avait alors vingt-deux ans. Il avait commencé par être pauvre, puis la pauvreté l'avait cédé à la poésie, et enfin la poésie le céda au mariage. La gradation était parfaitement observée. Comment ce mariage arriva, ou plutôt faillit arriver, c'est ce qu'il est facile de savoir. Mademoiselle Camille, fille d'un des premiers secrétaires de la police, était une grande brune de seize à dix-sept ans, fort bien faite, très-mince, haute en couleurs, peau un peu bise, beaux cheveux et belles dents. Desforges l'avait rencontrée dans le temps de Pâques au concert spirituel des Associés. Elle lui donna dans l'œil, il lui donna dans le cœur; on leur persuada à tous deux qu'ils étaient nés l'un pour l'autre; et, un soir qu'il s'était attardé à la campagne des parents, comme il pouvait y avoir danger pour lui à se retirer, on lui fit signer un bout de promesse de mariage, moyennant quoi il put passer la nuit sous le même toit que mademoiselle Camille. C'était mettre le loup dans la bergerie; mais, ma foi!

le secrétaire de la police avait quatre filles à marier, et il n'était pas fâché de se débarrasser de la plus grande.

Pourtant ce n'était pas tout d'avoir un gendre ; encore fallait-il que ce gendre gagnât sa vie et exerçât une profession quelconque. En attendant la publication des bancs, on obtint pour lui une place de surnuméraire dans le bureau de M. de Sartine. Dire qu'il s'y plut considérablement serait aller contre toutes les lois de la vérité. Il appela plus que jamais la littérature à son secours, et un matin qu'il s'ennuyait dans son grillage, il se mit à écrire une parade en un acte, qui, commencée à huit heures, fut terminée à midi. Le fameux Nicolet arriva en ce moment. — Tiens, lui dit le futur beau-père, prends cette pièce, et joue-moi cela tout de suite. Il n'y avait pas de réplique : Nicolet l'emporta, la joua dans la huitaine et en retira un argent immense ; pour Desforges, il n'en eut pas un sou.

Il ne fut pas longtemps à se dégoûter de la police, comme il s'était dégoûté de la médecine et de la peinture. Cependant, il lui fallait absolument un état avant d'entrer en ménage, et les parents de sa future le pressaient de se décider. Choudard-Desforges se décida donc. Confiant dans les bravos qu'il avait obtenus sur plusieurs scènes de société, il se fit comédien, et, grâce à la protection de M. de Sartine, il obtint du maréchal de Richelieu un ordre de début à la Comédie-Italienne.

III

Desforges débuta, le 25 janvier 1769, dans l'emploi de Clairval ou des amoureux, par les rôles de Nouradin dans *Le Cadi dupé*, et de Colin dans *La Clochette*. Il fut accueilli du public avec une bienveillance marquée, et de ce moment il crut avoir mis le doigt sur sa véritable vocation. A bien réfléchir, en effet, cet homme ne pouvait pas être autre chose qu'un comédien, et un comédien de la Comédie-Italienne, c'est-à-dire un Lindor, un Azor, un Lubin, un Blinval, un troubadour à mollets et à roulades. Il y a une justice et une fatalité. Desforges fit sa vie publique de ce qui avait été sa vie privée : *il aima* à appointements fixes ; du reste, réunissant toutes les qualités de son emploi, il joua souvent au naturel et fut doublement récompensé, dans la salle et dans la coulisse. Les comédiens ont toujours été d'heureux personnages, lorsqu'ils ont eu de la figure, de l'esprit et du talent.

Il courut la province, comme tous ceux de ce temps-là ; et, comme tous ceux de ce temps-là, il mena une vie ondoyante et cahotée. A Amiens, il adora une pâtissière de la rue des Verts-Aulnois ; à Compiègne, il se trouva en rivalité avec Préville du Théâtre-Fançais, au sujet d'une figurante *de toute beauté ;* à Versailles, il eut un duel et reçut deux coups d'épée, l'un sur le second os du sternum, l'autre le long de la première des fausses côtes, ce qui lui occasionna un séjour d'une huitaine au For-l'Evêque, où on lui donna la chambre de Mongeot, l'amant infortuné de la Lescombat. Mais alors on n'était pas bon comédien sans un bout de For-l'Evêque. Dans son *cachot*, Desforges tint table ouverte et fêta ses maîtresses, anciennes et nouvelles, avec du vin blanc et des huîtres ; et s'il ne s'échappa point avec la fille du concierge, c'est que probablement l'ordre de sa mise en liberté arriva trop tôt.

Le reste de sa jeunesse se passa sur les grands chemins, en folle et belle compagnie, tantôt sur des charrettes de paille, tantôt en voitures de poste, jouant à la foire de Guibrai ou au château de M. de Choiseul, à Chanteloup : aujourd'hui Montauciel du *Déserteur*, Colin du *Maréchal*, ou Dorval de *Lucile*, gai compagnon toujours, cœur franc et désintéressé, tête chaude, santé robuste. Faut-il dire les noms de toutes celles qu'il a aimées en route, Gabrielle, Eugénie, Claimerade,

Nina, Viviane, comédiennes ou grisettes, bourgeoises affolées, filles imprudentes? Lui seul a pu se reconnaître au milieu de ce prodigieux total. «Supposez un bibliomane, écrivait-il plus tard, autrement dit un homme fou de livres : autant il en voit, autant il en désire, autant il en acquiert; et lorsqu'ils sont en sa possession, il les feuillette et les refeuillette jour et nuit, jusqu'à ce qu'il les sache sur le bout du doigt. Quand il est parvenu à cette entière et parfaite connaissance, il ne lit plus, mais il a une bibliothèque sur les tablettes de laquelle il les range suivant l'ordre de leur acquisition, de leur possession et de leur lecture. Tous ces livres sont étiquetés; en outre, il a un petit livret ou catalogue qu'il consulte en cas de besoin. Eh bien! le bibliomane, c'est moi; les livres, ce sont les femmes; la bibliothèque à tant de rayons, c'est le cœur, et le catalogue, la mémoire. »

Caen, Bordeaux, Marseille, reçurent tour à tour cet infatigable trouveur d'aventures. Dans cette dernière ville, le nombre de myrtes qu'il cueillit exaspéra à un tel point la jeunesse phocéenne qu'il fut forcé de résilier son engagement, après avoir mis trois ou quatre fois l'épée à la main et avoir sollicité vainement la protection des magistrats. — Parbleu, monsieur, lui répondait-on, soyez Don Juan tout à votre aise, mais alors ne chantez pas l'opéra!

IV

On s'est beaucoup entretenu vers cette époque d'un horrible événement arrivé le 28 novembre 1772, et dont Choudard-Desforges se trouva le témoin. Par une mesure bien peu politique dans une ville bouillante comme Marseille, on avait annoncé la veille : PAR OR-DRE SUPÉRIEUR, la dix-huitième représentation de *Zémire et Azor*. Or, le public sut, je ne sais comment, que c'était la femme d'un magistrat, généralement détestée, qui avait demandé ce spectacle ; en conséquence, les jeunes gens du parterre se promirent une petite vengeance pour le lendemain, vengeance qui dégénéra en catastrophe épouvantable, comme on va voir, et dont les papiers du temps n'ont pu donner un récit aussi exact que celui que nous reconstruisons sur les renseignements de Desforges lui-même.

Le lendemain, en effet, à trois heures, la salle de spectacle était pleine, ainsi que la rue des Carmes, où elle était située alors. Si compacte était la foule, que Desforges fut obligé de descendre de son logement par une fenêtre donnant sur la cour du théâtre, afin de pouvoir aller s'habiller et se tenir prêt. A l'heure où commence ordinairement le spectacle, l'orchestre joua l'ouverture, qui fut écoutée en silence; mais aussitôt que les acteurs parurent sur la scène, les exclamations du public commencèrent, et voici quel en était le sens :

— Vous ne jouerez point *Zémire et Azor* aujourd'hui, nous ne voulons point de *Zémire et Azor!* Trois fois l'ouverture fut recommencée et paisiblement écoutée, trois fois les acteurs se montrèrent et se virent éconduits. Enfin, la garde bourgeoise reçut l'ordre d'entrer dans le parterre ; mais cette mesure fut accueillie par une risée unanime, et le parterre chassa doucement la garde bourgeoise par les épaules. A partir de cet instant, le tumulte ne fit que s'accroître. Le public s'obstinait à vouloir une tragédie, les magistrats à la lui refuser. Impatienté de ce débat, qui menace de se prolonger trop longtemps, un échevin ose prendre sur lui d'envoyer demander au commandant du château un détachement de deux cents hommes en armes. Ils arrivent. M. le comte de P***, qui les conduit, les remet à l'échevin, en lui disant : — Vous m'avez demandé du secours, en voilà ; souvenez-vous qu'il s'agit de vos enfants. Mais celui-ci l'a écouté à peine : il fait disposer cent hommes dans la rue, et fait entrer les cent autres dans le parterre par les deux portes. — Mettez les à la consigne morts ou vifs! Tel est l'ordre barbare qu'il leur donne.

Le public continuait son tapage, ignorant ce qui se passait au dehors.....

Cependant les grenadiers, baïonnette au bout du fusil, se sont glissés dans le parterre, sous la voûte des premières loges, et l'ont cerné. Soudain, un coup de feu se fait entendre. Il est suivi d'un autre, et puis d'un autre; bref, on en compte jusqu'à huit distinctement. Le rideau était levé; Desforges et les autres acteurs se trouvaient en scène, les balles leur sifflaient aux oreilles. Bientôt, les baïonnettes se joignant au feu, le sang coule de tous côtés dans le parterre : un jeune homme, cherchant à s'accrocher à l'amphithéâtre, est percé par derrière et tombe mourant aux pieds de son bourreau; un autre, franchissant l'orchestre, arrive sur le théâtre avec la cuisse fendue depuis le genou jusqu'à la hanche; un autre enfin, un jeune homme de dix-neuf ans, nommé Rémusat, déjà atteint d'un coup de baïonnette dans le flanc et d'une balle qui lui avait traversé la mamelle droite et l'omoplate gauche, se défendait encore, appuyé contre un des piliers du parterre et sur un de ses genoux. Un scélérat accourt le percer d'un second coup de baïonnette dans l'aine en disant : « Parbleu ! voilà bien des façons pour mettre un homme comme ça à l'ombre ! » Les soldats, furieux sans savoir pourquoi, chassaient devant eux une foule tremblante et sans armes. Le carnage ne s'arrêta que grâce à l'intrépidité de M. d'Onzembrune, capitaine de dragons, qui se précipita, l'épée à la main, de l'amphithéâtre dans le parterre, et se jeta au devant des grenadiers, à qui imposa son uniforme. Pour prix de son héroïsme, M. d'Onzembrune, après avoir été à minuit demander un asile à Desforges, fut obligé de s'enfuir une heure après pour aller en chercher un plus sûr à Nice.

Telle fut cette soirée atroce, qui laissa des traces profondes dans l'esprit des Marseillais. On a évalué le nombre des blessés à quatre-vingt-dix environ ; peut-être ce chiffre est-il exagéré ; Desforges ne se prononce pas là-dessus (1).

---

(1) Les événements les plus désastreux sont quelquefois accompagnés de circonstances burlesques ; en voici un exemple. Un bon capitaine hollandais qui de sa vie n'était allé à la comédie, y vint ce jour-là pour son malheur. Ne se faisant aucune idée d'une chose qu'il n'avait jamais vue, il croyait que tout le tumulte auquel il assistait était la comédie elle-même ; et il ne sortit de son erreur qu'au moment où il reçut un coup de feu qui lui cassa la cuisse. Il mourut dans la nuit, jurant, maugréant, et ne cessant de dire que s'il avait pu croire que tout ce train était sérieux, il aurait tué au moins une douzaine de ces forcenés.

Je reviens à mon récit. Peut-être le lecteur a-t-il souvenance d'une certaine demoiselle Camille, à laquelle notre héros avait bénévolement signé une promesse de mariage, un soir qu'il était tard et qu'il ne se souciait que médiocrement de rentrer chez lui. Il faut croire que les parents de la demoiselle avaient pris cette promesse très au sérieux, car dans un voyage que Desforges fit à Paris il se vit fort vivement inquiété pour ce que sa mémoire ne lui rappelait que comme une bagatelle. Néanmoins il n'y eut aucun moyen de faire entendre raison à ce mauvais sujet, qui ne se fit pas même un scrupule de rosser le père de mademoiselle Camille, pour lui apprendre à le laisser en repos. Ce dernier argument produisit son effet : Choudard-Desforges ne fut plus disputé au célibat, et, comme il avait fait rire M. de Sartine, il lui fut permis de partir pour Nantes, où l'attendait un brillant engagement.

Mais cette dernière aventure avait apparemment éveillé en lui certaines idées de moralité et d'ordre, car, une fois à Nantes, il se maria réellement et publiquement, à la grande satisfaction de bien des époux. Quatorze ans et trois mois, un bel œil bleu, une bouche si petite que l'envie essayait de lui en faire un défaut; des lèvres fraîches, des dents de perles qui laissaient passage à un sourire charmant, un menton rond et potelé, les plus superbes cheveux blonds qu'il soit possible de voir, telle était Angélique Erbennert, telle était celle que Desforges avait choisie pour femme. Elle jouait les amoureuses et les ingénues dans l'opéra-bouffon et dans la comédie. Cette union, toute fortunée à son aurore, devait plus tard avoir des nuages, par suite du caractère ombrageux et jaloux de la jeune Angélique, à laquelle il arriva de tomber à coups de canne sur une ancienne maîtresse de son mari.

C'est à cette époque, — 24 octobre 1775, — que les bonnes fortunes semblent commencer à abandonner Desforges ; c'est à cette époque que, par manière de compensation, il se ressouvient de la poésie, cette ancienne compagne de sa jeune pauvreté. La poésie, qui ne garde pas rancune à ses amants infidèles, revint vers le *Colin en chef* du théâtre de Nantes et le consola le mieux qu'elle put des bourrasques conjugales. Il avait alors trente ans. Il se reprit à rimer comme au temps où il n'en avait que dix-huit et où il ne possédait pour toute fortune que l'habit en péluche bleue de son grand-père. Malheureusement sa femme était un peu comme la femme d'Adam Billaut, qui prenait les neuf Muses pour les neuf maîtresses de son mari. Que de fois il lui fallut redescendre de son Olympe pour se mêler aux discussions les plus prosaïques et aux tracasseries les moins justifiées. Mais, hélas ! ainsi finissent la plupart des hommes à bonnes fortunes ; la dernière femme est celle qui venge toutes les autres. Cinq années s'écoulèrent de la sorte, cinq années de purgatoire, au bout desquelles, après avoir parcouru la moitié de l'Europe et avoir été attaché trois ans au théâtre impérial de Saint-Pétersbourg, Desforges revint se fixer pour toujours à Paris, *traînant l'aile et tirant du pied.*

V

Un soir que sa femme Angélique avait déchaîné sur lui tous les autans de l'hyménée, Desforges s'assit tristement devant sa modeste table de travail, et écrivit son chef-d'œuvre, *la Femme jalouse*, chef-d'œuvre de chagrin et d'amertume. Cette comédie, — il avait appelé cela une comédie ! — eut un succès considérable de pleurs et de sanglots. Desforges la dédia à son véritable père, le docteur Petit, qui ne l'avait jamais quitté de vue. Ce fut le commencement de sa réputation littéraire, car nous croyons inutile de parler de ses premiers essais, représentés tant en province qu'à Paris. D'ailleurs, nous nous mettrons tout de suite à l'aise avec le lecteur en déclarant que nous n'avons affaire ici qu'à un écrivain du deuxième et même du troisième ordre.

La Femme jalouse, qui, de la Comédie-Italienne passa au répertoire du Théâtre-Français, se joue encore de loin en loin, et est écoutée avec faveur. Voici, sur cette pièce, l'opinion de la Harpe, que l'on ne peut accuser d'indulgence à l'égard des auteurs de son siècle : « C'est un drame où IL Y A quelque intérêt, ce n'est pas une bonne comédie. IL Y A dans le sujet un vice radical : la jalousie de la femme est fondée sur des apparences si fortes et si bien justifiées, qu'IL N'Y A PAS moyen de lui en faire un reproche. Ainsi le but moral est manqué ; mais ces apparences produisent des situations qui ont de l'effet au théâtre. Le style est naturel et facile, sans déclamation, sans écarts et sans jargon ; il est vrai qu'IL Y A peu de vers heureux. Les caractères, d'ailleurs, sont dessinés avec vérité, et la pièce marche bien. » Quoique écrites dans ce mauvais style qui est particulier à l'auteur du *Cours de littérature*, ces lignes résument assez notre opinion personnelle.

J'ignore si ce drame corrigea quelques femmes, mais ce que je sais parfaitement, c'est qu'il ne corrigea pas celle de Desforges. Il l'avait fait débuter aux Italiens et recevoir à quart de part quelques mois après ses débuts. « Superbe femme, talent médiocre, » disent les almanachs du temps. Le seul rôle où elle ait marqué est celui de la comtesse d'Arles dans *Euphrosine et Coradin*.

Acquis désormais tout entier à la littérature, Choudard-Desforges composa et fit représenter, dans l'espace de dix-huit ans, une trentaine de pièces environ. Au nombre des drames que l'on peut citer après *la*

Femme jalouse, n'oublions pas *Tom Jones à Londres*, qui se fait remarquer par d'intéressantes péripéties et une certaine originalité d'allures. Desforges a écrit encore une foule d'opéras-comiques, en compagnie de Grétry, de Philidor, de Jadin ; les principaux sont : *Joconde*, *l'Epreuve villageoise*, *Griselidis* ; *l'Amitié au village*, et *Jeanne d'Arc à Orléans*.

De plus, il a, un des premiers, tracé la voie au mélodrame par sa pièce intitulée : *Novogorod sauvée*. Voici un compte-rendu que nous trouvons dans un recueil périodique : « *Novogorod sauvée* est un de ces ouvrages dont le premier effet est horrible et repoussant, et que l'on aime à revoir ensuite, lorsque l'âme, revenue du trouble qu'elle a éprouvé, permet à l'esprit de se familiariser avec eux. Lorsque cette pièce fut donnée à Paris pour la première fois, le second acte jeta les spectateurs dans un état d'anxiété stupide ; on sortit du spectacle en frémissant ; la curiosité amena l'affluence ; insensiblement on s'accoutuma à la voir, et l'espoir d'un dénoûment heureux atténua ce que le nœud pouvait avoir d'atroce... Les costumes ont été exécutés sur les dessins qu'en a fait faire M. Desforges. Cet écrivain a demeuré trois ans à Saint-Pétersbourg ; ainsi, on peut regarder comme un modèle exact ses costumes russes. » (*Costumes et Annales* des grands théâtres de Paris, par M. de Charmois ; année 1788.)

Mais ce qui est vraiment un hasard extraordinaire et joyeux dans son existence semée de récifs conjugaux, c'est cette grande parade du *Sourd ou l'Auberge pleine* qu'il écrivit de verve, en un jour d'ivresse ou d'oubli bien certainement. *Le Sourd*, donné d'abord au théâtre de mademoiselle Montansier, passa ensuite sur le théâtre de la Cité, pour arriver enfin à la Comédie-Française, où il eut sa place à côté du *Médecin malgré lui*. Baptiste cadet, et Brunet plus tard, se sont fait une réputation dans le rôle de M. *Dasnières*, qui est devenu un type comme M. Deschalumeaux et M. Dumolet. Le moment où M. Dasnières dresse son lit sur une table, se fait des rideaux avec la nappe et des draps avec les serviettes, se déshabille, se couche et éteint sa chandelle avec son soulier, ce moment-là, dis-je, étoilé de quolibets grotesques et de calembours triomphants, soulevait des trépignements d'hilarité par toute la salle.

Desforges paraît avoir embrassé franchement les principes révolutionnaires, si l'on en juge du moins par les pièces de circonstance auxquelles sa plume ne se refusa pas : *la Liberté et l'Egalité rendues à la terre, Alisbelle, ou les Crimes de la féodalité*, deux opéras composés pour la République, et représentés en 1794. A ces déclamations sans talent nous préférons de beaucoup les innocents coq-à-l'âne de M. Dasnières. Mais que voulez-vous ? Sommes-nous bien sûrs que Desforges ne cherchait point dans la politique une distraction à ses infortunes maritales?

Une fois sur cette pente, il est hors de doute que le pauvre homme ne fût tombé dans le mélodrame le plus sombre. Heureusement pour lui que la loi du divorce fut décrétée, et qu'il fut, comme on le suppose bien, un des premiers à bénéficier de cette loi. Son contentement fut tel, qu'il en composa sur l'heure une comédie intitulée : *les Époux divorcés*, sa dernière comédie. Après quoi il se remaria avec une veuve pour laquelle il *soupirait* depuis longtemps ; et le ciel, touché de ses malheurs, lui fit rencontrer dans ce second hymen la paix qu'il avait si vainement cherchée.

Quant à madame Angélique Desforges, elle épousa l'acteur Philippe, des Italiens, qui n'avait pas son pareil dans l'emploi des tyrans et des *tabliers*.

Echappé aux ongles de cette exigeante personne, la galanterie revint à Desforges. Il se mit à évoquer ses souvenirs, et, se consolant avec des fictions de la perte de la réalité, il commença à écrire des romans où, selon son expression, il *sacrifia à l'autel des Grâces*. On sait ce que parler veut dire : sacrifier aux Grâces, pour Pigault-Lebrun, c'était écrire *l'Enfant du carnaval ;* pour le général Lasalle, pour Dorvigny, c'était rivaliser d'audace et de grivoiserie. Choudard-Desforges ne resta pas au-dessous de ces modèles.

Au fond des vieux cabinets de lecture, sur les derniers et plus hauts rayons, il existe un ouvrage à peu près délaissé, intitulé *le Poëte*. Ce livre, dont la réputation n'est pas arrivée jusqu'à la génération actuelle, rebute assez unanimement, par son titre, la classe frivole des lecteurs à deux sous le volume. Semblable à un flacon qui, sous une insignifiante étiquette, cache un poison des plus dangereux, *le Poëte* recèle, en ses quatre volumes, tout ce que le libertinage du Directoire enfanta de perfide et de raffiné. Publié pour la première fois en 1798 (4 vol. in-12), sans nom d'auteur, sous la rubrique de Hambourg, il passa presque inaperçu, ne pouvant soutenir la concurrence avec tant d'autres œuvres plus infâmes qui s'étalaient avec impudeur chez les libraires des galeries de bois, au Palais-Royal. La vente s'en opéra cependant de manière à en permettre, l'année suivante, une deuxième édition, en huit volumes in-18, cette fois. Mais, je le répète, le titre, peu fait pour allécher la foule, en a toujours fort heureusement circonscrit le succès.

Ce livre, le premier essai de Desforges dans le roman, renferme, en un cadre évidemment arrangé, les principaux événements de sa vie ; il a le tort très-grave d'y afficher, sous des couleurs souvent scandaleuses, les personnes de sa famille, et particulièrement sa sœur. En cela réside l'écueil ordinaire des faiseurs de mé-

moires et d'autobiographies; ils se modèlent tous sur
Jean-Jacques Rousseau et sur *les Confessions*. Qu'ils se
mettent donc bien dans la tête, ces imprudents et ces
impudents, que ce n'est pas *à cause* de ses défauts que
l'on aime Jean-Jacques, mais *malgré* ses défauts, ce
qui est bien différent. Or, pris comme œuvre littéraire,
le livre de Desforges n'a qu'une valeur absolument relative et toute de curiosité. Son style, d'un abandon
inconcevable, ne se relève par aucune qualité réelle. Il
fait un abus extravagant des métaphores en usage chez
l'école licencieuse : tout est rose, corail, ébène, autel de
la volupté, calice, coupe. Un amant n'est plus un amant,
c'est un *sacrificateur,* un *athlète;* une amante devient
une victime, une prêtresse; ses jambes sont deux colonnes, ses seins deux globes en marbre, en ivoire ou
en albâtre; la peau est au moins du satin ou de la
neige.

Ce genre de littérature comporte d'ailleurs une uniformité de scènes qui suffirait à le rendre insupportable, s'il n'était odieux. Tout est prévu et bien prévu
dans ces rencontres galantes; dès lors l'intérêt s'évanouit, le charme s'envole; il ne reste à la place qu'un
appât grossier, bon tout au plus pour les gens qui, comme
dit Molière; ont *la forme enfoncée dans la matière.*

Desforges a fait précéder *le Poëte* d'un avertissement en style ambitieux, et dont voici le début:

« L'AUTEUR A SES CONTEMPORAINS. Minuit sonne, le 15 septembre expire, ma cinquante-deuxième année commence. C'était l'époque que j'avais fixée au travail que j'entreprends aujourd'hui. Quand on a vécu un demi-siècle, surtout quand on a beaucoup vu, beaucoup observé, beaucoup senti, on peut parler savamment de la vie et l'on n'a plus grand temps à perdre pour écrire la sienne. »

Malgré ce que nous en avons dit, il serait injuste cependant de contester à ce livre des aspects particuliers, un entrain réel, certains détails de costumes et de lieux, une franchise vraiment engageante, et çà et là quelques figures célèbres assez bien présentées [1].

Je ne sais pas quel parfum de licence il y avait alors dans l'air ; toujours est-il que, non satisfait d'avoir produit *le Poëte*, Desforges lança l'année suivante un ouvrage de la même humeur et de la même longueur, *les Mille et un Souvenirs, ou les Veillées conjugales*. C'était trop se complaire dans cette série de peintures. Voici le raisonnement qu'il faisait à ce propos:

« Un guerrier raconte ses combats, un navigateur ses courses et ses naufrages, un homme sensible ses

---

[1] La dernière édition du *Poëte* a été essayée en 1819, par M. Émile Babeuf, qui avait annoncé la publication des œuvres complètes de Desforges, en 22 vol. in-12. Cette édition contient un portrait.

peines et ses plaisirs dans la carrière de l'amour. Aucun de ces conteurs n'est dangereux, et tous les trois peuvent être utiles. La carrière d'amour, dont je parle en homme qui l'a parcourue dans toute son étendue, est à la fois un champ de bataille et un océan tempétueux. Maintenant que je suis dans un port charmant, à l'abri de tous les orages, je crois ne pouvoir mieux employer mon loisir qu'en le consacrant au souvenir de mes innombrables aventures [1]. »

Et ainsi fait-il. *Les Mille et un Souvenirs* sont l'appendice et le complément du *Poëte;* sous le nom de Mélincourt, Desforges raconte à sa seconde femme plusieurs anecdotes tour à tour bouffonnes, amoureuses et tragiques, auxquelles il s'est trouvé mêlé plus ou moins indirectement.

La seule chose dont je sache réellement gré à Desforges, c'est de s'être abstenu de nous raconter ses bonnes fortunes en diligence. Après cela, peut-être n'y a-t-il pas pensé. C'est le seul trait absent de sa littérature, laquelle résume cependant tous les procédés et toutes les rengaines de son temps. Un livre badin n'existait pas alors sans une aventure en diligence; dans la

---

[1] Je remarque en ce moment que le chevalier de Parny s'appelait également Desforges, de son nom de famille, bien qu'il n'existât aucune autre parenté que celle de l'esprit entre l'auteur de *la Guerre des Dieux* et l'auteur du *Poëte*.

seule légèreté écrite qu'il se soit permise : *le Dernier Chapitre de mon roman*, Charles Nodier lui-même n'a pas manqué de tomber dans ce défaut caractéristique.

Les Mille et un Souvenirs furent suivis de trois autres romans sans aucune valeur; après quoi Desforges cessa complétement d'écrire, ou du moins de faire imprimer. On était en 1800 [1].

---

[1] Il convient cependant de remarquer qu'avant d'écrire des romans licencieux, Desforges avait essayé de mieux employer son talent. Nous avons en notre possession une lettre adressée par lui au citoyen Grégoire, représentant du peuple, membre du Conseil des Anciens, rue du Colombier, F. G., n° 16; c'est une demande d'emploi :

« 17 Brum. an IV républicain.

» Enfin, mon cher et digne concitoyen, voici le moment où mes espérances peuvent se voir réalisées. On s'occupe sans doute avec chaleur de l'organisation de l'Instruction publique, et il me serait bien doux de pouvoir enfin payer à ma Patrie mon tribut d'utilité dans un genre analogue à mes facultés. Une place de professeur de Poésie est celle qui me conviendrait; et comme il y en a un certain nombre de désignées spécialement pour cet objet, tous mes vœux seraient remplis si je pouvais en obtenir une.

» Veuillez m'indiquer, mon sage ami, la route à tenir dans cette affaire, et ne me refusez pas un suffrage qui ne pourra, d'une part, que m'être très-favorable pour le succès de mes vues, et, de l'autre, m'élever à la hauteur de mon entreprise par le vif désir qu'il m'inspirera de le mériter.

» Un mot de réponse à votre reconnaissant et bien affectionné concitoyen.

DESFORGES.

» F. G. rue de Lille, ci-dev. Bourbon, n° 485. »

Ecriture belle et ferme.

VI

Voyez-vous ce vieillard étendu sur une chaise longue, immobile, sans regard et sans voix, auprès d'une croisée aux rideaux entr'ouverts? Son front penche, couronné de mèches rares et blanches; sa main pend, sèche et abandonnée; quelquefois un tremblement passe dans ses jambes amaigries, et les agite. Une femme est auprès de lui, qui brode en silence et qui le regarde mourir; car cet homme se meurt, il s'en va d'épuisement comme Dorat; mais autour de lui les danseuses ne font point cortége comme autour du poëte décoiffé. Pourtant il fut aussi, lui, un libertin de poudre et d'épée; lui aussi courut les boudoirs, les salons et les chambrettes, laissant un peu de son cœur aux mains de toutes les femmes. Maintenant ce vieillard s'en va, triste, délaissé, au milieu d'une époque de fanfares et de gloire qu'il ne comprend pas. Le bruit d'une pendule est le seul qui se fasse entendre dans cette chambre remplie de mélancolie.

Quelquefois, lorsque sa pensée se réveille, lorsque son cerveau affaibli sent remonter sa mémoire, il se surprend à murmurer des noms charmants : Manon, Herminie, Louison, Sainte-Agathe, Ursule! Il voit repasser, vagues et confus, les événements des jours anciens; de vieux airs lui reviennent en tête, tels que celui du *Confiteor;* il se reporte dans cette petite chambre d'auberge où il faisait si beau soleil et où l'on aimait si bien! Alors un soupir de regret sort de cette poitrine exténuée, une larme qui brûle tombe et se perd dans les rides de cette face morne.

Desforges représente complétement la décadence du XVIIIe siècle. Il est le produit sans ampleur de la Régence, et a en lui le sang mélangé du duc de Richelieu et de madame Michelin. Il est le type accompli d'une société qui se déprave à chaque étage. Il porte très-haut une tête sans cervelle, et il traîne très-bas un cœur généreux. Tous les sentiments ne lui arrivent que sophistiqués par l'impure philosophie de Du Laurens et du curé Meslier ; ce qu'il nomme *sensibilité* n'est que la débauche; il a cette candeur dans le vice, qui ne voit qu'une faiblesse dans une faute, qu'un oubli dans un crime. Du reste, beau, brillant, ferrailleur, ainsi que je l'ai montré, tantôt rusé par boutades comme Guzman d'Alfarache, tantôt naïf comme la rue Grénetat. Tels étaient et tels devaient être, en effet, ces bâtards de la Régence, qui tranchaient à la fois sur la bourgeoisie et sur la noblesse. On conçoit que de tels beaux-fils ne pouvaient guère faire autre chose que des comédiens ou des auteurs de deuxième ordre.

Si je me suis plutôt appesanti sur sa vie que sur ses œuvres, c'est que celles-ci découlent évidemment de celle-là, qu'elles en sont le fruit direct, et que, dans presque toutes, l'auteur n'est que l'homme raconté. Sans vouloir faire, à propos de ses romans, un plaidoyer en faveur de la vertu, qui n'en a pas besoin, je n'ai pu m'empêcher de condamner une littérature inutile et absurde. Il faut être ou bien pauvre, ou bien déraisonnable, ou bien corrompu, pour flatter les goûts licencieux d'une époque frappée de vertige. J'aime à me figurer que Desforges n'était que pauvre et étourdi.

Desforges expira le 13 août 1806 [1].

---

[1] Nous sommes bien tenté de considérer comme un ouvrage posthume de Desforges les *Mémoires d'un vieillard de vingt-cinq ans*, publié sous le nom imaginaire de M. Louis-Julien de Rochemond, à Hambourg, en 1809, 5 vol. in-18. C'est tout à fait le style du *Poète* et des *Mille et un Souvenirs*; ce sont les mêmes procédés de narration, le même genre de tableaux, avec une des-

cription de Nantes, où Desforges a vécu assez longtemps, comme on l'a vu.

Il paraît d'ailleurs avoir laissé des manuscrits, à en juger par cette indication du catalogue d'autographes de la bibliothèque Soleinne (appendice au tome troisième) :

Desforges (P.-J.-B. Choudard). — L. A. S., in-4, 12 prairial an VI. Au citoyen Maradan, libraire. Il lui offre un roman intitulé *Kim-Fenin, ou l'Initié, histoire mystérieuse*, et il lui donne le sujet d'une gravure pour le quatrième volume du *Poëte*.

CAZOTTE

I

LES ROSES DE FRAGONARD

En ce temps-là il y avait, dans un des appartements les plus tristes de Paris, — rue Gît-le-Cœur, s'il m'en souvient, — un bonhomme de soixante ans qui s'appelait Fragonard et qui avait été jadis un peintre à la mode, comme Boucher, son maître. Il avait vu poser devant lui, et dans le jour qui lui seyait le mieux, c'est-à-dire aux bougies, toute la France galante, depuis la France de l'Opéra jusqu'à la France de Trianon, les deux confins de la galanterie suprême. Il avait été peintre de sourires exclusivement, — peintre de

S. M. la Grâce, *plus belle encore que la beauté,* selon le dire du poëte; et il avait fait courir tout le long des boudoirs ces guirlandes de petits Amours vêtus à la mode de l'Olympe, qui gèlent et s'écaillent aujourd'hui dans les vitrines du quai Voltaire. Il est vrai qu'alors Fragonard était jeune et joyeux; c'était surtout un garçon de bonne mine, portant le taffetas rose comme les Léandre de la Comédie-Italienne, plus galant que le dernier numéro des *Veillées d'Apollon,* baisant le bout des doigts à la façon des abbés poupins et pirouettant comme un militaire de paravent.

Pendant trente ans et plus, Fragonard vécut de cette vie brillante et douce que le règne de Louis XV faisait à tous les artistes mondains. Il fut grand peintre aussi, lui, dans le sens que le xviiie siècle attachait à ce mot, grand peintre à la manière de Baudouin, de Lancret, de Watteau, enchanteurs de ruelles, qui ne regardaient ni aux rubans ni aux fleurs lorsqu'il s'agissait de costumer la Vérité, — pléiade ravissante, que l'on pourrait appeler les *mignons de l'art.* Que n'a-t-il pas dépensé de charme et d'esprit dans ce chemin de la faveur qu'il parcourut d'un pied si léger! Combien de chefs-d'œuvre naquirent sous ce pinceau, fait sans doute de quelques brins arrachés aux ailes de Cupidon! Tous les amateurs connaissent *le Chiffre d'amour, le Sacrifice de la rose; la Fontaine,* sujets tendres, qui font à peine rêver, qui font toujours sourire. Fragonard inventait cela, j'imagine, dans les soupers galants où on le conviait; et les allégories lui étaient fournies par ces Claudines d'hier, métamorphosées en Éliantes du jour par un coup de la baguette dorée de quelques fermiers généraux.

Fragonard vit de la sorte arriver chez lui la renommée et la richesse, ces deux courtisanes qui s'éprennent si rarement du même homme. Il vécut avec elles en bonne intelligence jusqu'au jour où la Révolution vint faire la part mauvaise à tous ceux qui vivaient de poésie peinte ou écrite, sculptée ou chantée. La Révolution les fit remonter, ceux-là, dans les mansardes d'où ils étaient descendus, en leur disant : « On n'a que faire de vous maintenant; voici venir le temps des choses politiques; restez là. » Imprudent comme tous les beaux-fils prodigues, le peintre n'écouta pas la Révolution. Il crut que les nymphes et les dieux étaient éternels en France, à Paris, sous ce ciel d'un blanc de poudre en été, dans ces hôtels gardés par de si beaux suisses à galons, dans ces cercles où le tournebroche de l'esprit était incessamment monté, dans ces bosquets toujours remplis d'amants, dans ces théâtres toujours remplis d'oisifs. Il crut à l'immortalité du luxe et de l'art, son compère.

Que dire enfin? Il crut aussi un peu à lui-même et à son talent; c'était une faiblesse bien pardonnable chez un homme qui avait été aussi longtemps à la mode que Fragonard. Il continua donc à jeter de tous les côtés ces petits tableaux coquets, ces dessins lavés au bistre, ces scènes d'enchanteresse perdition où l'amour joue le principal rôle; — amour qui badine et par qui on se laisse badiner, flamme d'un quart d'heure qui s'éteindra au bout de cette svelte allée de peupliers, soupirs qui voltigent sur les lèvres à la façon des papillons, jeux de l'esprit et du cœur. O Fragonard! cette fois on passa auprès de vos petits chefs-d'œuvre, non-seulement sans les voir, mais même sans vouloir les voir.

Il s'obstina pourtant. Lorsque le peuple tirait le canon contre les invalides de la Bastille, Fragonard encadrait un *aveu* dans un boudoir lilas, le dernier boudoir de ce temps. Lorsque le peuple massacrait les gardes du corps de Versailles, aux journées des 5 et 6 octobre, Fragonard chiffonnait la houppelande azurée d'un Tircis dansant sur l'herbe au son d'un fluet tambourin. Lutte courageuse, mais désespérée! car nul ne pensait plus à Fragonard. Son monde de marquises et de petits-maîtres, à présent tremblant et retiré, n'avait plus le cœur aux fantaisies galantes de son pinceau. Les danseuses? Elles étaient passées des bras de la noblesse aux bras du tiers état, qui n'entendait que bien peu de chose aux élégances. Fragonard avait donc l'air de revenir du déluge avec ses tableaux d'un autre âge ; peu s'en fallut même qu'on ne le traitât de contre-révolutionnaire.

Il se résigna, à la fin ; et quand il se vit bien et dûment oublié, il laissa de côté sa palette, comme font toutes les réputations chagrines qui ne peuvent travailler qu'aux lueurs du triomphe. Là-dessus, la Révolution, — qui n'a rien fait à demi, — lui prit sa fortune, comme elle lui avait pris sa gloire ! Au lieu de résister et de se faire emprisonner pour la peine, il se retira, désolé et bourru, au milieu de quelques-uns de ses tableaux, dont il se créa une compagnie, la seule qu'il pût supporter. Ce fut ainsi que l'année 1792 surprit le vieux Fragonard dans une maison renfrognée de la rue Gît-le-Cœur, où il se laissait aller solitairement à la mort et à l'oubli.

— S'ils savaient seulement s'habiller ! disait-il quelquefois, les jours qu'il se hasardait à mettre les yeux à sa fenêtre ; mais ils ont perdu le grand secret de l'ajustement. Plus de soie, plus de brocart. Ils ont des chapeaux américains, des lévites de drap sombre, des souliers sans rouge au talon. A peine si quelques-uns se font poudrer encore. Les autres vont les cheveux plats et sales. Et le peuple ? Ah ! le peuple ! qui me rendra mes petites grisettes au corsage fleuri comme une corbeille? Qu'elles étaient jolies, et comme cela valait la peine alors d'être peintre!

Fragonard se lamentait de la sorte ou à peu près, lorsque, le 16 août au matin, comme il contemplait avec tristesse une très-jolie gravure faite d'après son tableau du *Serment d'amour*, il entendit frapper à sa porte d'un doigt timide. Il y avait bien longtemps que l'on n'avait frappé ainsi à la porte de Fragonard. Le vieux peintre sentit aux battements de son cœur que tout n'était pas complétement mort en lui. Il alla ouvrir et vit entrer une jeune personne de seize à dix-sept ans environ; une ample jupe en mousseline blanche, un mantelet noir attaché par un nœud de rubans bleus, un autre nœud semblable dans ses cheveux, composaient toute sa parure. Elle était suivie d'une négresse coiffée d'un madras.

— M. Fragonard? demanda la jeune fille, qui parut un peu surprise de l'aspect mélancolique de cette chambre.

— C'est moi, répondit-il, ébloui de cette apparition charmante; ou plutôt c'était moi... Que voulez-vous à Fragonard, mon enfant, et qui êtes-vous pour vous être souvenue de ce nom, au temps où nous sommes?

La jeune fille détacha le mantelet qui couvrait ses épaules. Ainsi dégagée, sa taille parut dans toute son idéale perfection. Son teint jetait de la lumière, et sa figure, d'un bel ovale, avait une expression ardente et douce à la fois.

— Je suis la fille de M. Cazotte, dit-elle, et je désire que vous fassiez mon portrait.

Fragonard se ressouvint. Dans les spirituelles compagnies d'autrefois, il lui était arrivé souvent de rencontrer le fantasque auteur du *Diable amoureux*, cet enjoué Cazotte, dont le mérite n'est pas apprécié suffisamment. Il avait causé plusieurs fois avec lui, sur le coin de la cheminée, à l'heure où le poétique rêveur se plaisait à écarter de la meilleure foi du monde un pan du voile de l'avenir. Cela avait suffi pour établir entre eux une liaison, frivole sans doute, mais toutefois durable dans sa frivolité. Fragonard ne pensait jamais à Cazotte sans ressentir un petit frisson; cela venait de quelques prédictions singulières que l'illuminé des salons avait faites au peintre des boudoirs, — tout en le regardant de ce grand œil, bleu et ouvert, qui était bien l'œil d'un illuminé, en effet.

Mais Fragonard ne connaissait pas la fille de Cazotte. En la voyant entrer dans sa pauvre cellule, il avait été tenté de la prendre tout d'abord pour le spectre adoré de madame de Pompadour à quinze ans. Il la fit asseoir, et lui dit d'un accent ému :

— Soyez bien venue, vous, la fête de mes pauvres yeux; soyez bien venue, vous qui me rapportez l'éclat et la suavité d'un temps que je pleure tous les jours avec égoïsme. Ah! mademoiselle Cazotte, je ne vous attendais pas! Je croyais toute espérance ensevelie pour moi. Savez-vous que voilà deux années que je vis dans cette solitude de la rue Gît-le-Cœur, la rue bien nommée! Soyez bénie, vous qui me revenez avec mes rubans bleus sur votre tête, avec mes roses sur vos joues, avec mes paillettes dans votre regard! Vous êtes la muse de Fragonard autant que la fille de Cazotte!

Il pleurait de joie en disant cela; et, comme elle lui rappela qu'elle était venue pour son portrait :

— Votre portrait? ajouta-t-il, mais ne l'ai-je pas déjà fait cent fois! Ne le voilà-t-il pas là et là, puis encore là (il montrait ses toiles accrochées au mur) : ici Colinette, et plus loin Cydalise; ici Hébé, et à côté Léda? N'êtes-vous pas l'idéal que j'ai toujours poursuivi et quelquefois atteint? Pourquoi voulez-vous que je fasse votre portrait? le voilà tout fait, emportez-le; jamais je n'ai fait mieux.

Et Fragonard, monté sur une chaise, atteignait un merveilleux petit tableau où une jeune fille était représentée attachant un billet doux au cou d'un *chien fidèle*.

Mademoiselle Cazotte, souriant de ce délire, essaya de lui faire comprendre qu'elle désirait être peinte dans une attitude plus conforme à ses projets, car c'était à son père qu'elle destinait ce portrait, à son père de qui les événements politiques pouvaient un jour la séparer. Fragonard comprit enfin. Mais alors son front s'assombrit et il secoua douloureusement la tête.

—Hélas! je ne sais plus peindre, murmura-t-il; c'est une mauvaise vie pour un homme d'inspiration gracieuse et légère que cette vie de guerre civile! Toujours la fusillade qui vient ébranler les vitres de vos fenêtres! toujours les fureurs de la multitude! Encore ces jours-ci, n'ai-je pas eu la tête brisée par l'écho des mitraillades de la place du Carrousel? Il y a bien longtemps, ma chère demoiselle, que j'ai oublié mon métier; avec l'âge et avec la Révolution, ma main est devenue tremblante comme mon cœur. Je ne suis plus un peintre.

—Monsieur Fragonard... dit la jeune fille, en insistant avec un sourire.

— Vous le voulez donc bien?

— C'est pour mon père.

—Eh bien, répondit-il avec effort, revenez demain; nous essayerons.

Le lendemain, la fille de Cazotte revint dans l'atelier de Fragonard. Il avait acheté une toile de petite dimension sur laquelle il commença à tracer ses premières lignes. Mais tout en jetant les yeux sur son adorable modèle, il s'aperçut que peu à peu ce visage, d'une expression si brillante, s'obscurcissait sous l'empire d'une inquiétude secrète, que ce front limpide s'altérait graduellement, que ce regard radieux se couvrait d'un voile humide. Fragonard, surpris, lui demanda, avec une sollicitude que son âge autorisait, d'où venait cette préoccupation chagrine. Mademoiselle Cazotte lui apprit que son père était compromis dans les événements du 10 août, et que sa correspondance tout entière avait été découverte dans les papiers du secrétaire de l'intendant de la liste civile. Heureusement que Cazotte était en ce moment éloigné de Paris : il habitait, auprès d'Épernay, un petit village dont il était le maire; peut-être y demeurerait-il inaperçu et à l'abri des perquisitions.

— Aussitôt mon portrait achevé, dit-elle, ma mère et moi, ainsi que cette bonne négresse qui nous a accompagnées, nous retournerons le rejoindre, car il doit être bien inquiet!

Fragonard l'avait écoutée avec attention et en frémissant. Il savait que l'orage révolutionnaire franchissait les provinces, et il craignait que la justice du peuple ne regardât pas aux cheveux blancs avant de s'abattre sur une tête proscrite. Néanmoins, il se garda bien de communiquer ses craintes à la jeune fille; il essaya, au contraire, de la rassurer. — Mais le portrait n'avança guère ce jour-là.

Il n'avança guère non plus le 18. Mademoiselle Cazotte, instruite du décret qui ordonnait la formation d'un tribunal criminel, accourut épouvantée dans la maison de la rue Gît-le-Cœur. Des pleurs coulaient sur ses joues; elle essaya de poser cependant. La même désolation opprimait Fragonard.

— Mademoiselle, disait-il, je n'ai jamais peint que la joie et le plaisir; je ne sais pas, je n'ai jamais su peindre les pleurs. De grâce, faites trêve à votre chagrin. Voulez-vous encore des roses autour de vous? j'en sèmerai autant qu'il vous plaira. Mais, par pitié! ne me faites pas peindre ces pleurs!

A travers ces souffrances partagées, le portrait s'acheva cependant. Mademoiselle Cazotte était représentée assise sous un berceau de roses. Les roses avaient toujours enivré Fragonard. Lors de la dernière séance, mademoiselle Cazotte vint chez lui, accompagnée de sa mère, une créole qui avait été parfaitement jolie et qui l'était encore, quoiqu'elle eût de grands enfants. Elle avait cette grâce négligée des femmes de la Martinique, et cet accent nonchalant d'enfance et de caresse. Quelque chose d'étranger se remarquait aussi dans ses vêtements; sa tête était entourée d'une mousseline des Indes, disposée avec un goût infini. La mère et la fille remercièrent avec effusion le vieux peintre, qui ne s'était jamais senti si ému; et, le soir même, elles reprenaient la route de la Champagne.

— Pourvu qu'elles arrivent à temps! soupira Fragonard.

Et serrant avec soin ses pinceaux dans la grande armoire, il ajouta d'un ton de voix fort singulier :

— Elles étaient bien rouges, les roses que j'ai amoncelées autour de cette enfant!

II

UNE MAISON EN CHAMPAGNE

Jacques Cazotte était maire de Pierry, petit village de vignobles à une demi-lieue d'Épernay. Il habitait une grande maison, composée d'un rez-de-chaussée et de mansardes, et flanquée de deux ailes qui n'existent plus. On entrait par une vaste cour entourée d'arbres et coupée par de nombreuses plates-bandes toutes couvertes de plantes de la Martinique apportées et multipliées par madame Cazotte. En haut d'un perron très-élevé, un magnifique perroquet blanc se pavanait sur un juchoir. — Tel était l'aspect extérieur de cette maison, devenue aujourd'hui, après plusieurs possesseurs intermédiaires, la propriété de M. Aubryet, père d'un de nos littérateurs les plus spirituels. Les jardins et le parc qui en dépendent, quoique encore très-beaux assurément, n'ont plus l'étendue d'autrefois.

La maison de Cazotte donnait et donne toujours sur la rue principale de Pierry.

En attendant le retour de sa femme et de sa fille, qu'il avait envoyées à Paris pour s'enquérir de la réalité des périls qu'il courait, Jacques Cazotte, resté seul avec son fils Scévole, passait les jours dans la lecture des livres saints. C'était alors un vieillard de soixante-douze ans, haut de taille, le regard vif et bienveillant, les dents belles. Profondément religieux, il savait, quand il le voulait, redevenir un homme du monde; et son langage, trempé aux plus pures sources de l'esprit français, charmait les gens de qualité et les gens de science qui le fréquentaient d'habitude. Célèbre par ses visions, plus célèbre par ses romans, et entre autres par le *Diable amoureux*, qui est vraiment un chef-d'œuvre, il ralliait autour de lui l'estime, la curiosité, la tendresse, l'admiration; c'est-à-dire tout ce qu'un homme peut envier pour couronner le déclin de ses ans. C'eût été un heureux vieillard, si, en face des désastres de son pays, il eût pu conserver ce rare et précieux sang-froid, ce calme souverain, qui, dans tous les cas, n'est que le partage de l'égoïsme ou de la philosophie, — deux termes synonymes en temps de révolution. Par malheur, ou plutôt par bonheur (c'est comme on veut l'entendre), Cazotte avait une âme impressionnable, généreusement imbue de l'amour de la patrie, vibrant à toutes ses gloires et à toutes ses douleurs. Quoique sur le bord de la tombe, il n'avait pu voir s'avancer les faucheurs révolutionnaires sans essayer de les combattre; et de sa plume colorée, toujours jeune, emportée et brillante, il avait aidé au succès du journal de son ami Pouteau, intitulé : *les Folies du mois, journal à deux liards.* Pouteau était secrétaire de M. Arnaud de Laporte, intendant de la liste civile. Il recevait les articles que Cazotte lui envoyait de Pierry.

Cette collaboration, anonyme du reste, comme toutes les collaborations à cette époque, n'aurait pas suffi à compromettre le maire de Pierry, si, après la journée du 10 août, les papiers de la liste civile n'eussent été inventoriés, et si la correspondance tout entière de Cazotte ne fût tombée, comme nous l'avons dit plus haut, entre les mains de ses ennemis politiques. Ces lettres, qu'il avait l'habitude de dicter à sa fille Élisabeth, — lettres excessivement remarquables par la forme, et dont quelques-unes ont été publiées par les journaux d'alors, contenaient l'expression sans voile de ses sentiments royalistes. « O Paris! s'écriait-il, Paris! vaux-tu bien la peine qu'on pleure sur toi! On voit quelquefois, dans le marais le plus infect, des portions de gaz fixé que le soleil dore des plus brillantes couleurs du prisme. Voilà ton image. »

Il appelait les Jacobins les *Jacoquins* et disait : « Nous ne serons malheureusement délivrés de cette vermine que par la vapeur de la poudre à canon. »

Cazotte ignorait cette importante et funeste découverte. Sa fille et sa femme, lorsqu'elles furent de retour à Pierry, tâchèrent de la lui cacher ; mais à leurs embrassements mêlés de larmes, à leurs transes continuelles, surtout à leurs instances pour l'engager à fuir, à s'expatrier, comme faisaient désespérément les derniers serviteurs de la royauté, il devina une partie du danger qui le menaçait.

Mais lui, mû par cette obstination douce des vieillards, il résista à toutes les prières, disant que s'il devait mourir, il voulait mourir en France, à son poste comme un soldat, à son autel comme un prêtre.

Un jour cependant que son fils Scévole s'était joint à sa fille et à sa femme pour le supplier de se rendre à leurs vœux, il parut un instant ébranlé. Ses yeux se promenèrent avec attendrissement sur ces trois fronts baignés de larmes ; ses bras entourèrent ces trois têtes levées vers lui ; son cœur se prit à battre comme à l'heure des grandes décisions. Il allait céder peut-être, lorsque tout à coup, s'arrachant à leurs embrassements, il ouvrit le livre des Machabées, et, comme saisi d'une inspiration sainte, il lut d'une voix assurée et haute ce passage où le vieil Éléazar repousse les propositions de ceux de ses amis qui veulent le soustraire à la mort.

« Mais lui, considérant ce que demandaient de lui un âge et une vieillesse si vénérables, et ces cheveux blancs qui accompagnaient la grandeur de cœur qui lui était si naturelle, et la vie innocente et sans tache qu'il avait menée depuis sa jeunesse, il répondit : En mourant avec courage, je paraîtrai plus digne de la vieillesse où je suis, et je laisserai aux jeunes gens un exemple de courage et de patience, au lieu de chercher à conserver un petit nombre de jours qui ne valent plus la peine d'être préservés. »

La famille de Cazotte baissa la tête, car il lui semblait être en présence du vieil Éléazar lui-même; et à partir de ce jour, il ne fut plus question de fuite entre ces quatre croyants, qui tiraient leur règle de conduite des exemples de l'Écriture.

Mais la vie n'était pas heureuse à Pierry. Si petit que fût ce village, si peu d'importance que lui accordassent les dictionnaires géographiques, il renfermait néanmoins assez de mécontents et d'exaltés pour fournir un contingent à la révolte populaire. Cazotte était bienfaisant, mais il était riche ou du moins aisé ; il était honnête homme, mais il aimait le roi et il allait à la messe ; ces torts prévalurent aux yeux de ses administrés, on ne considéra ni son âge ni les services qu'il avait rendus dans ce coin de terre. Dénoncé à Paris, dénoncé à Pierry, Cazotte ne pouvait éviter son sort. Il attendait le malheur; le malheur ne se fit pas attendre.

Un agent de la Commune, gros homme dont le nom est resté inconnu, fut envoyé à Pierry. Il arriva le matin, suivi de quelques gendarmes et d'un commissaire d'Épernay. Il trouva une maison calme, en fleurs ; le perroquet était sur son bâton ; la négresse travaillait auprès d'une fenêtre ; un petit chien bichon était touché auprès d'elle. L'agent pénétra jusque dans le salon, où étaient réunis Jacques Cazotte, son fils, sa femme et sa fille.

— Reconnaissez-vous ces lettres? demanda-t-il au vieillard.

— Oui, monsieur, répondit celui-ci.

Et apercevant le commissaire d'Épernay, qui cherchait à dissimuler sa présence derrière les gendarmes, il le salua d'un sourire.

— C'est bien, reprit l'agent ; vous allez nous suivre, voici le mandat d'arrêt.

— Monsieur ! s'écria Élisabeth, c'était moi qui écrivais pour mon père !

— Eh bien, repartit l'agent étonné, je vous arrête avec lui.

C'était là tout ce que demandait la noble fille. La mère sollicita la même faveur, elle lui fut refusée ;

l'agent de la Commune n'était pas venu pour faire tant d'heureux !

On parcourut la maison, on saisit tous les papiers. La cour était encombrée de gens du village qui venaient avec une curiosité bête chez les uns, cruelle chez les autres, assister à l'arrestation de leur maire. Après que les scellés eurent été mis partout, Cazotte, qui avait réuni Élisabeth, Scévole et sa femme dans une suprême et douloureuse étreinte, ordonna à Jacques, son cocher, d'atteler tout de suite les chevaux à la voiture. On partit de Pierry à midi environ, et l'on arriva le lendemain à Paris par la barrière Saint-Martin. Conduits immédiatement à l'hôtel de ville, où se tenaient les séances permanentes du comité de surveillance, le père et la fille, après avoir subi un interrogatoire préalable, furent envoyés à la prison de l'Abbaye-Saint-Germain pour y attendre que leur procès fût instruit.

III

LE TRIBUNAL DU PEUPLE

Il est, dans notre histoire, cinq ou six dates effrayantes qui se dressent, semblables à des poteaux, comme pour indiquer les trébuchements de la civilisation, et qui justifient presque les omissions du père Loriquet. Les 2, 3 et 4 septembre 1792 appartiennent à ces dates particulières devant lesquelles la peinture, le roman et le théâtre reculent épouvantés. Tragédie ignoble, dont les actes ne se passent que dans des cachots à peine éclairés par la torche et par l'acier, l'*expédition des prisons*, comme on l'a appelée honnêtement, est, avec la Saint-Barthélemy, une de nos plus grandes hontes nationales. Vainement ceux qui placent la loi politique au-dessus de la loi morale ont plusieurs fois tenté de présenter ces massacres sous un côté supportable, compréhensible; il y a quelque chose en nous qui repousse jusqu'à la simple atténuation de tels crimes. Là où l'humanité disparaît, le patriotisme n'est plus qu'un exécrable mot.

On sait que la prison de l'Abbaye-Saint-Germain, située rue Sainte-Marguerite, fut la première par laquelle on commença. Après avoir égorgé — sans jugement — dans la cour dite abbatiale, une vingtaine de prêtres, la multitude, prise d'un singulier scrupule, imagina d'établir au greffe de l'Abbaye un *tribunal du peuple*, chargé de donner une apparence de justice à ces sinistres représailles. L'ancien huissier Maillard fut élu président par acclamation ; il s'adjoignit douze individus pris au hasard autour de lui. Deux d'entre eux étaient en tablier et en veste. Quelques-uns des noms de ces juges ont été conservés : le fruitier Rativeau, Bernier l'aubergiste, Bouvier, compagnon chapelier, Poirier. Ils s'assirent à une table sur laquelle on fit apporter, en outre du registre d'écrou, quelques pipes, quelques bouteilles et un seul verre pour tout le monde. C'était le 2 septembre au soir.

Cent trente victimes environ furent livrées aux massacreurs par ce tribunal ; quelques détenus furent réclamés par leur section ; d'autres surent exciter la compassion des juges ou réveiller en eux quelques sentiments d'humanité. C'est à ces ressuscités que nous devons de connaître la physionomie caverneuse du tribunal de l'Abbaye et les semblants de formes judiciaires qui furent employées à l'égard de quelques-uns.

— M. Jourgniac de Saint-Méard, particulièrement, a tracé un vif tableau de l'interrogatoire qu'il eut à subir; son *Agonie de trente-huit heures*, qui a eu un nombre incalculable d'éditions, est trop connue pour que nous en détachions quelques passages; il faut d'ailleurs la lire tout entière, en songeant qu'elle fut publiée peu de temps après les journées de septembre, et qu'elle reçut l'approbation de Marat. La relation de l'abbé Sicard et celle de la marquise de Fausse-Lendry jettent également d'horribles lueurs sur ces événements. Nous n'indiquons là et nous ne voulons indiquer que les récits des témoins oculaires, car ce n'est qu'aux témoins oculaires qu'il convient de se fier en ces monstrueuses circonstances.

Pour ces motifs, nous donnerons accueil dans ces pages à une narration très-émouvante de madame d'Hautefeuille (Anna-Marie), rédigée sur les lettres de mademoiselle Cazotte elle-même. On se rappelle les détails de l'arrestation de l'honnête et aimable vieillard. Sa fille avait obtenu la permission d'être enfermée, non avec lui, mais dans la même prison; elle le voyait plusieurs fois par jour. Lorsque arriva l'heure des massacres et que le tribunal populaire se fut installé au greffe, elle se mit aux aguets, écoutant avec anxiété les noms des détenus.

Maillard venait de lire sur le registre d'écrou le nom de Jacques Cazotte.

— Jacques Cazotte !

A ce cri répété deux fois par une voix de stentor, un cri terrible a retenti dans les cloîtres supérieurs.

Une jeune fille descend précipitamment les marches de l'escalier, elle traverse la foule comme un nageur intrépide fend les flots; elle pousse les uns, elle glisse à travers les autres, se fraye un passage de gré, de force ou d'adresse; elle arrive, pâle, échevelée, palpitante, au moment où Maillard, après avoir rapidement parcouru l'écrou, venait de dire froidement :

— A la Force !

On sait que c'était l'expression convenue pour désigner les victimes aux assommeurs.

La porte s'ouvrait déjà. Deux assassins ont saisi Cazotte et vont l'entraîner au dehors.

— Mon père ! mon père ! s'écria la jeune fille ; c'est mon père ! Vous n'arriverez à lui qu'après m'avoir percé le cœur.

Et, se précipitant vers lui, de ses bras Élisabeth étreint le vieillard et le tient embrassé, tandis que, sa belle tête tournée vers les bourreaux, elle semble défier leur férocité par un élan sublime.

Ce mouvement imprévu avait rendu les bourreaux

immobiles; ils écoutaient avec surprise et curiosité.

— Voici du nouveau, dit une voix; et du dehors on s'approcha.

Le vieillard regardait sa fille avec un indicible amour, la serrait dans ses bras, baisait ses longs cheveux répandus autour d'elle, et puis levait ses yeux au ciel comme pour le remercier de lui avoir encore permis d'embrasser sa noble fille.

— Ange, lui disait-il, charme de ma vieillesse, ange de mes derniers jours, adieu! Vis pour consoler ta mère; va, va, *Zabeth*, laisse-moi.

— Non, non, je ne te quitte point, et je mourrai là, sur ton sein, si je ne puis te sauver !

Et la jeune fille s'attachait plus étroitement encore à lui, cherchant à le couvrir de son corps.

— C'est un aristocrate! cria Maillard d'une voix enrouée; emmenez-le.

— C'est un vieillard sans force et sans défense! reprit la jeune fille; voyez ses cheveux blancs, vous ne pouvez pas lui faire du mal ! Non, non, c'est impossible ! Épargnez mon père, mon bon père !

Ici un homme au bonnet rouge baissa son sabre et s'appuya sur la poignée en faisant ployer la lame; il semblait incertain.

Au dehors, les bourreaux s'étaient arrêtés, plusieurs même s'étaient approchés de la porte; ils écoutaient cette enfant. Les accents de sa voix remuaient leurs cœurs farouches ; son appel à des sentiments qui vivaient encore en eux à leur insu les subjuguait. Quand elle eut fini de parler, haletante, épuisée, l'un dit :

— Mais ça m'a l'air de braves gens, ça ; pourquoi leur faire du mal ?

Ces mots opérèrent une réaction.

— Le peuple français n'en veut qu'aux méchants et aux traîtres ; il respecte les braves gens ! dit l'homme au bonnet rouge ; citoyen Maillard, un sauf-conduit pour ce bon vieux et pour sa fille.

— Mais j'ai lu l'écrou, criait toujours Maillard ; ce sont des aristocrates endiablés, vous dis-je ! ce sont des conspirateurs !

— Allons donc ! cette jeunesse, ça ne s'occupe pas des affaires ; c'est une brave fille qui aime bien son vieux père.

— Eh ! non, s'écria Maillard ; si on les écoutait tous, on n'en finirait pas ; faites-la remonter et conduisez son père *à la Force*.

— Non ! non !

— Si !

Élisabeth se sentait mourir en voyant renouveler cette sanglante discussion ; elle se pressa de nouveau sur son père, qui lui disait :

— Va, va, laisse-moi mourir, retire-toi.

— Jamais ! répondit-elle.

(Les lettres de mademoiselle Cazotte nous apprennent qu'il s'écoula plus de DEUX HEURES dans ces terribles débats!...)

Alors l'homme au bonnet rouge, qui désirait accorder les différents avis :

— Écoutez-moi, petite citoyenne ; pour convaincre le citoyen Maillard du civisme de vos sentiments, venez trinquer au salut de la nation et criez avec moi : Vive la liberté, l'égalité ou la mort !

De sa main sanglante, il lui tendit un verre dans lequel les égorgeurs se désaltéraient chacun à leur tour.

Élisabeth prit le verre :

— Oui, je vais boire, dit-elle en détournant les yeux.

Elle tendit sa main pour qu'on lui versât du vin, mais sans cesser d'entourer son père avec son autre bras, car elle craignait que cette proposition ne fût une ruse pour l'éloigner de lui.

— Allons, reprit l'homme, après avoir versé : Vive la liberté, l'égalité ou la mort !

— Vive la liberté, l'égalité ou la mort! répéta la

pauvre enfant ; et portant le verre à ses lèvres, elle le vida d'un seul trait.

Il y eut une acclamation générale ; les hommes qui l'environnaient s'écrièrent :

— Il faut les porter en triomphe ! Ils méritent les honneurs du triomphe !

Alors tous les spectateurs, hommes et femmes, se mirent sur deux haies ; on apporta deux escabeaux sur lesquels on fit asseoir le père et la fille, et l'on choisit quatre hommes pour les porter. Ceux-ci, les élevant à la hauteur de leurs épaules, les emportèrent hors de la cour de l'Abbaye, aux applaudissements unanimes.

— Place à la vieillesse et à la vertu ! s'écriait l'un.

— Honneur à l'innocence et à la beauté !

Un fiacre venait d'amener de nouveaux prisonniers ; on y fait monter Cazotte et sa fille ; deux hommes montent avec eux, et le cortége se met en marche au trot de deux chevaux, suivi d'une foule qui criait sans relâche :

— Vive la nation ! à bas les aristocrates, les prêtres et les conspirateurs !

Ce fut ainsi qu'on arriva rue Thévenot, où était venue loger madame Cazotte. Elisabeth, jusque-là si courageuse et si forte, tomba évanouie dans les bras de sa mère.

D'affreuses convulsions succédèrent à cet évanouissement, et l'on dut craindre pendant plusieurs jours pour sa vie[1]......

---

[1] M. Michelet, dans l'étrange patois de son *Histoire de la Révolution française* (t. IV), a raconté différemment cette touchante aventure : « Il y avait, dit-il, à l'Abbaye, une fille charmante, mademoiselle Cazotte, qui s'y était enfermée avec son père. Cazotte, le spirituel visionnaire, auteur d'opéras-comiques, *n'en était pas moins* très-aristocrate, et il y avait contre lui et ses fils des preuves écrites très-graves. Il n'y avait pas beaucoup de chances qu'on pût le sauver. Maillard accorda à la jeune demoiselle *la faveur d'assister au jugement et au massacre* (la faveur d'assister au massacre!), de circuler librement. Cette fille courageuse en profita pour capter la faveur des meurtriers ; elle les gagna, les charma, *conquit leur cœur*, et quand son père parut, il ne trouva plus personne qui voulût le tuer. »

Cette manière lâchée de raconter un des plus beaux traits de notre histoire, et cette mauvaise grâce à reconnaître l'héroïsme chez les royalistes, se retrouvent à chaque ligne dans l'historien des écoles.

IV

DERNIER MARTYRE

— Respect à la vieillesse et à l'innocence! s'étaient écriés, en présence de Cazotte et de sa fille, les tueurs de l'Abbaye. On pouvait croire que c'était aussi la devise de la Commune, lorsqu'un ordre signé Pétion, Panis et Sergent, expédié le 13 septembre, vint arrêter pour la seconde fois Jacques Cazotte, « mis hors de l'Abbaye sans avoir subi son jugement. »

Eh quoi! la Commune cherche à détourner d'elle tout soupçon de participation aux crimes de septembre, et voilà qu'elle se montre plus féroce que les égorgeurs eux-mêmes : elle fait arrêter de nouveau et emprisonner un septuagénaire devant lequel leurs haches rougies s'étaient abaissées. Le peuple avait acquitté Cazotte ; la Commune le reprit, et le tribunal le reçut des mains de la Commune, donnant ainsi l'exemple de la violation d'un principe respecté de tous les jurisconsultes. — Croyaient-ils donc, ces juges sans pitié, que les deux heures d'angoisses suprêmes subies par Jacques Cazotte devant le tribunal de Maillard n'étaient pas suffisantes pour expier ses fautes réelles ou prétendues? Il y a dans cet acharnement après un homme en cheveux blancs quelque chose de honteusement cruel qui s'explique à peine; ces raffinements inutiles ne peuvent appartenir qu'à une nation débordée.

Cazotte ne montra point de surprise. Malgré sa récente délivrance, — délivrance presque triomphale, — il avait gardé un pressentiment de sa fin prochaine; témoin le trait suivant :

Après sa sortie de l'Abbaye, ses amis vinrent le féliciter en foule; M. de Saint-Charles fut du nombre.

— Eh bien, vous voilà sauvé, dit-il en l'abordant.

— Je ne crois pas; répondit Cazotte.

— Comment cela?

— Je serai guillotiné sous très-peu de jours.

— Vous plaisantez, dit M. de Saint-Charles, surpris de l'air profondément affecté du vieillard.

— Non, mon ami; sous peu de jours, je mourrai sur l'échafaud.

Et comme on le pressait de questions, il ajouta :

— Un moment avant votre arrivée, il m'a semblé

voir un gendarme qui est venu me chercher de la part de Pétion ; j'ai été obligé de le suivre. J'ai paru devant le maire, qui m'a fait conduire à la Conciergerie et de là au tribunal. Mon heure est venue, mon ami, et j'en suis si convaincu ; que j'ai mis ordre à mes affaires. Voici des papiers importants pour ma femme ; je vous charge de les lui faire tenir et de la consoler.

Naturellement M. de Saint-Charles traita ces pressentiments de rêveries et ne voulut rien entendre. Il quitta Cazotte, persuadé que sa raison avait souffert par suite de l'impression des massacres. Mais lorsqu'il revint quelques jours après, ce fut pour apprendre son arrestation.

Cette fois encore, mais non sans peine, Elisabeth obtint de suivre son père jusqu'au tribunal, qui commença son audience le matin du 24 pour ne la terminer que le lendemain au soir. Une multitude immense, composée en partie de femmes, remplissait l'espace réservé au public ; on remarquait aussi quelques-uns des hommes du 2 septembre qui avaient appuyé auprès de Maillard et de ses acolytes la mise en liberté de Jacques Cazotte. Celui-ci avait pour défenseur le célèbre Julienne. Julienne s'est fait beaucoup connaître sous la Révolution ; d'importantes causes lui ont été confiées. « Ce n'est, dit l'auteur anonyme d'un petit dictionnaire biographique publié en 1807, ni le talent de Démosthène, ni celui de Cicéron, ni même celui de Linguet, de Chauveau, de Belard : c'est le sien. Son style est quelquefois obscur, amphigourique, gigantesque, un peu *ivre*, si nous pouvons hasarder l'expression ; son imagination le grise. N'importe ; malgré ses défauts, qu'il fasse imprimer ce qu'il a dit pour arracher à la mort Kolli, Beauvoir et beaucoup d'autres, il obtiendra un rang distingué parmi les gens de lettres. »

— Du courage ! dit Julienne à Cazotte au moment de l'ouverture de l'audience.

Cazotte hocha la tête et répondit, mais de façon qu'Elisabeth ne pût l'entendre :

— Je m'attends à la mort, et je me suis confessé il y a trois jours. Je ne regrette pas la vie, je ne regrette que ma fille.

On l'interrogea sur son nom, sur son âge et sur ses qualités. Après quoi, son défenseur déposa sur le bureau une protestation contre la compétence du tribunal. Cette protestation était fondée sur ce que Jacques Cazotte ayant été acquitté et mis en liberté le 2 septembre par le peuple souverain, on ne pouvait, sans porter atteinte à la souveraineté de ce même peuple, procéder contre Jacques Cazotte à un jugement sur des faits pour lesquels il avait été arrêté et ensuite élargi. C'était de toute évidence. Il fallait respecter les arrêts des juges populaires ou poursuivre ces mêmes juges, si on ne voulait pas reconnaître leur autorité. « Peuple, tu fais ton devoir ! » Ces paroles fameuses de Billaud-Varennes et la présence de tant de membres de la Commune dans les prisons au moment des massacres ne consacraient-elles pas les tribunaux souverains ? Cependant la Commune était la première aujourd'hui à infirmer les actes de ses représentants ; et quels actes encore ? les actes de clémence ! Elle ne blâmait pas les bourreaux pour avoir tué, elle les blâmait pour avoir fait grâce.

Le tribunal crut devoir ne pas s'arrêter à cette protestation et ordonna qu'il serait passé à la lecture de l'acte d'accusation, daté du 1ᵉʳ septembre, dressé par Fouquier-Tinville et signé par Perdrix, commissaire national. Après l'acte d'accusation, il fut donné connaissance à haute voix de la correspondance intime de Cazotte. Chaque lettre était suivie d'un interrogatoire par le président Laveaux.

Cazotte répondait avec simplicité et avec précision.

La faiblesse de son organe ayant excité les réclamations des jurés et de l'accusateur public, le tribunal ordonna que l'inspecteur de la salle ferait disposer un siége, afin que Cazotte pût être mieux entendu. Au bout d'un quart d'heure environ, il fut placé tout auprès des jurés, ayant à sa droite sa fille, et à sa gauche son défenseur.

On le questionna beaucoup sur la secte des Illuminés, à laquelle il avait appartenu ; ce fut pourquoi il demanda *si c'était comme visionnaire qu'on lui faisait son procès*. Quelques auteurs ont insinué que Laveaux, qui l'interrogeait, était lui-même un Illuminé de la secte des Martinistes, et que des signes d'intelligence avaient été échangés entre eux dès les premiers mots de l'interrogatoire: Cela ne paraît guère fondé ; car Laveaux posa à Cazotte des questions tellement indiscrètes, qu'on ne comprend pas qu'elles puissent venir d'un frère d'ordre, — à moins toutefois qu'elles ne tendissent à dérouter les profanes. Mais, encore une fois, cela me semble étrange. C'est ainsi qu'il lui demanda les noms de ceux qui l'avaient initié dans la secte des Martinistes.

— Ceux qui m'ont initié, répondit Cazotte, ne sont plus en France ; ce sont des gens qui séjournent peu, étant continuellement en voyage pour faire les réceptions. Je sais seulement qu'un de ceux qui m'ont reçu était il y a cinq ans en Angleterre.

Lorsqu'on arriva à la question religieuse, Cazotte établit qu'il allait régulièrement à la messe du curé constitutionnel de Pierry.

— Il est singulier, dit le président, que vous alliez

à la messe d'un prêtre auquel vous ne croyez pas.

— Je le fais pour l'exemple, répondit Cazotte, et en ma qualité de maire de Pierry. Il est vrai que je ne reconnais pas le curé constitutionnel ; mais Judas était à la suite de Jésus-Christ et faisait des miracles comme les autres apôtres.

Un autre mot qui causa diverses sensations chez les auditeurs, ce fut celui-ci :

— Qu'entendez-vous, demanda le président, par ces mots : *fanatisme* et *brigandages*, souvent répétés dans vos lettres?

— J'entends par fanatisme l'exaltation qui règne dans tous les partis. Il y a fanatisme dans la liberté quand on passe par-dessus toute considération humaine.

On lui demanda encore des choses singulières ; par exemple, *ce qu'il pensait de Louis XVI pendant les travaux de la constitution.*

— Je le regarde, répondit-il, comme ayant été forcé dans tout ce qu'il a fait ; mais je ne peux dire s'il a fait bien ou mal, attendu que je ne suis pas juge du roi.

— Il est bien évident, dit le président, que vous étiez en correspondance avec les ennemis du dehors, puisque vous assuriez que dans trente-quatre jours juste la France serait envahie. Pourriez-vous dire quel était le nom de cet officier général qui, entre autres, vous avait si bien instruit ?

— Me croyez-vous assez lâche pour être le dénonciateur de quelqu'un ? Dussé-je obtenir le prolongement de mes vieux jours, jamais je ne consentirai à une pareille infamie !

Après quelques autres interrogations, Laveaux, qu'embarrassaient quelquefois les réponses du vieillard et qu'attendrissaient aussi les regards suppliants de la jeune fille, dit à Cazotte :

— Vous êtes peut-être fatigué ; le tribunal est prêt à vous accorder le temps nécessaire pour prendre du repos ou quelque rafraîchissement.

— Merci, répliqua Cazotte ; je suis très-sensible à l'attention du tribunal, mais je suis dans le cas de soutenir les débats, grâce à la fièvre qui me tient en ce moment. D'ailleurs, ajouta-t-il en souriant, plus tôt le procès sera terminé, plus tôt j'en serai quitte... ainsi que messieurs les jurés et les juges.

Le procès continua donc.

Une de ses parentes se trouvait désignée dans la correspondance avec Pouteau ; le président l'interpella de déclarer le nom de cette parente.

— Dans l'état où je me trouve, répondit le vieillard, je serais bien fâché d'y entraîner ma famille.

— Dites-nous du moins ce que vous avez entendu

par ces mots d'une de vos lettres : « Voilà une occasion que le roi doit saisir : il faut qu'il serre les pouces au maire Pétion et le force à découvrir les fabricants de piques et ceux qui les soldent. »

— Les lettres que je recevais m'informaient alors qu'il se fabriquait à Paris cent mille piques. Je ne vis là-dedans qu'un projet de tourner ces armes contre la garde nationale, qui suffisait pour le service et le maintien de la tranquillité publique ; ces craintes m'étaient transmises par un ami dont les intentions ne m'étaient pas suspectes. Il se peut que j'aie été mal informé, mais ce n'est pas ma faute.

Lorsque la liste des lettres fut épuisée, — il y en avait une trentaine, — et que les débats furent clos, l'accusateur Réal se leva. Il parla longuement de la bonté, de la franchise et de l'énergie du peuple depuis la Révolution, des trahisons et des crimes de la cour, de la perfidie des grands. Il analysa les charges qui pesaient sur l'accusé, et, s'adressant à lui :

— Pourquoi faut-il que j'aie à vous trouver coupable après soixante-douze années de loyauté et de vertu? Pourquoi faut-il que les deux années qui les ont suivies aient été employées à méditer des projets d'autant plus criminels qu'ils tendaient à rétablir le despotisme et la tyrannie, en renversant la liberté de votre pays? La vie que vous meniez à Pierry (il y avait trente-deux ans que

Cazotte s'y était retiré) retraçait les mœurs patriarcales ; chéri des habitants, que vous aviez vus naître, vous vous occupiez de leur bonheur. Pourquoi faut-il que vous ayez conspiré contre la liberté de votre pays? Il ne suffit pas d'avoir été bon fils, bon époux et bon père, il faut surtout être bon citoyen.

« Pendant ce discours, qui dura une heure entière, raconte Desessarts, les yeux de Cazotte ne cessèrent pas un instant d'être fixés sur l'accusateur public; mais on y cherchait en vain quelque signe d'agitation et de trouble : l'impassibilité la plus profonde y était peinte. Il n'en était pas ainsi de sa fille, dont les alarmes semblaient recevoir toutes les impressions du discours de Réal, et s'aggraver ou s'adoucir en proportion des sentiments qu'il exprimait ; lorsqu'elle entendit ses conclusions terribles, des larmes abondantes coulèrent de ses yeux. Son père lui adressa quelques mots à voix basse qui parurent la calmer. »

Ce fut alors que Julienne commença sa défense. Il fut éloquent et sensible, il émut l'auditoire par l'exposé touchant de la vie privée de l'accusé ; il retraça l'affreuse nuit du 2 septembre, — et il demanda si un homme à qui il ne restait plus que quelques jours à exister auprès de ses semblables n'était pas digne de trouver grâce aux yeux de la justice après avoir passé par des épreuves si cruelles; si celui dont les cheveux blancs avaient pu fléchir des assassins ne devait pas trouver quelque indulgence auprès des magistrats qu'inspirait l'humanité.

Cette plaidoirie tira des pleurs de toute l'assemblée ; Jacques Cazotte fut peut-être le seul dont elle ne put réussir à entamer le sang-froid presque divin. Sa fille reprit quelque courage en s'apercevant de l'effet produit par les paroles de Julienne. Avant la délibération des jurés, le président demanda à Cazotte s'il n'avait rien à ajouter. Cazotte argua en peu de mots des mêmes moyens présentés par la défense : — *Non bis in idem!* dit-il ; on ne peut être jugé deux fois pour le même fait ; j'ai été acquitté par jugement du peuple.

C'était l'heure où le sort du malheureux vieillard allait être décidé. On fit retirer Élisabeth de la salle d'audience et on la conduisit dans une des chambres de la Conciergerie, en l'assurant que son père viendrait bientôt l'y rejoindre. Hélas ! elle l'avait vu pour la dernière fois. Reconnu coupable sur la déclaration des jurés, après vingt-sept heures d'audience, Jacques Cazotte fut condamné à la peine de mort. En entendant cet arrêt qui prenait sa tête et confisquait ses biens (d'après la loi du 30 août), il se retourna machinalement comme pour bien s'assurer que sa fille n'était pas là ; — ce fut le seul moment où l'on remarqua en lui quelque inquiétude ; — mais ne la voyant point, la sérénité reparut sur son front.

— Je sais, murmura-t-il, que dans l'état des choses, je mérite la mort. La loi est sévère, mais je la trouve juste.

La parole appartenait au président Laveaux ; il en usa pour prononcer la plus emphatique des exhortations.

— Faible jouet de la vieillesse ! s'écria-t-il, victime infortunée des préjugés, d'une vie passée dans l'esclavage ! toi dont le cœur ne fut pas assez grand pour sentir le prix d'une liberté sainte, mais qui as prouvé, par ta sécurité dans les débats, que tu savais sacrifier jusqu'à ton existence pour le soutien de ton opinion, écoute les dernières paroles de tes juges ! puissent-elles verser dans ton âme le baume précieux des consolations ! puissent-elles, en te déterminant à plaindre le sort de ceux qui viennent de te condamner, t'inspirer cette stoïcité qui doit présider à tes derniers instants, et te pénétrer du respect que la loi nous impose à nous-mêmes !... Tes pairs t'ont entendu, tes pairs t'ont condamné ; mais au moins leur jugement fut pur comme leur conscience ; au moins aucun intérêt personnel ne vint troubler leur décision par le souvenir déchirant du remords ; va, reprends ton courage, rassemble tes forces ; envisage sans crainte le trépas ; songe qu'il n'a pas droit de t'étonner; ce n'est pas un instant qui doit effrayer un homme tel que toi.

A ces mots : *Envisage sans crainte le trépas,* Cazotte, sur qui ce discours n'avait paru produire aucune impression, leva les mains vers le ciel et sourit avec béatitude.

Laveaux continua :

— Mais, avant de te séparer de la vie, avant de payer à la loi le tribut de tes conspirations, regarde l'attitude imposante de la France, dans le sein de laquelle tu ne craignais pas d'appeler à grands cris l'ennemi... que dis-je?... l'esclave salarié. Vois ton ancienne patrie opposer aux attaques de ses vils détracteurs autant de courage que tu lui as supposé de lâcheté. Si la loi eût pu prévoir qu'elle aurait à prononcer contre un coupable tel que toi, par considération pour tes vieux ans, elle ne t'eût pas imposé d'autre peine; mais rassure-toi : si elle est sévère quand elle poursuit, quand elle a prononcé le glaive tombe bientôt de ses mains. Elle gémit même sur la perte de ceux qui voulaient la déchirer. Ce qu'elle a fait pour les coupables en général, elle le fait particulièrement pour toi. Regarde-la verser des larmes sur ces cheveux blancs, qu'elle a cru devoir respecter jusqu'au moment de ta condamnation; que ce spectacle porte en toi le repentir; qu'il t'engage, vieillard malheureux, à profiter du moment qui te sépare encore de la mort, pour effacer jusqu'aux moindres traces de tes complots par un regret justement senti ! Encore un mot : tu fus homme, chrétien, philosophe, *initié;* sache mourir en homme, sache mourir en chrétien ; c'est tout ce que ton pays peut encore attendre de toi.

On était dans la soirée du 25 septembre.

Cazotte fut reconduit à la Conciergerie, où bientôt l'exécuteur se présenta pour lui couper les cheveux, qu'il avait abondants et flottants. — Je vous recommande, dit Cazotte, de les couper le plus près de la tête qu'il vous sera possible et de les remettre à ma fille.

Ensuite il passa une heure avec un prêtre.

Puis il demanda une plume et de l'encre, et il écrivit ces mots : « Ma femme, mes enfants, ne me pleurez pas, ne m'oubliez pas ; mais souvenez-vous de ne jamais offenser Dieu. »

Le *Moniteur*, qui rendit compte dans les plus grands détails (numéro du 30 septembre) de l'exécution, commence son récit en termes officiellement indignés : « Le glaive vient encore d'abattre une tête conspiratrice. Un vieillard de soixante-quatorze ans traînait sur le bord de sa tombe la perte et l'asservissement de sa patrie. Le ciel était aussi du complot, si on veut l'en croire; c'est au nom du ciel et pour la cause du despotisme que Jacques Cazotte entretenait une correspondance avec les émigrés et des relations avec le secrétaire d'Arnaud de Laporte, intendant de la liste civile! » Après cette froide raillerie, le journal-girouette est forcé d'ajouter que « l'inaltérable sang-froid qu'il a conservé jusque sur l'échafaud, ses cheveux blancs, et plus encore les larmes de sa fille, qui ne l'a point quitté, ont intéressé la sensibilité de ceux qui les ont vus. »

Il paraît que la voiture qui conduisait Cazotte s'arrêta deux fois avant de sortir de la cour du Palais; on raconte qu'il tournait ses regards vers le peuple dont elle était remplie, et qu'il semblait vouloir lui parler. Même à un certain moment, il se fit un grand silence, qui fut rompu tout à coup par ce cri unanime : — Vive la nation! « On ne peut guère que deviner les motifs de cette circonstance, écrit le *Moniteur;* peut-être que M. Cazotte, qui avait éprouvé combien la vieillesse et le respect qu'elle inspire ont de pouvoir sur la pitié du peuple, nourrissait l'espoir de l'intéresser de nouveau en sa faveur et de pouvoir échapper à la mort. Mais cette fois le peuple partagea l'impassibilité de la loi et ne fit aucun mouvement pour arrêter l'exécution de l'arrêt qu'elle venait de prononcer. »

Ajoutons qu'en marchant au supplice, Cazotte tint presque constamment ses yeux levés vers le ciel; toutefois on le vit sourire en apercevant l'échafaud, et c'est là sans doute ce qui fit penser à quelques personnes qu'il était tombé en enfance. Cette erreur n'a pas besoin d'être combattue : Cazotte conserva jusqu'au dernier moment son habituelle sérénité. Avant de livrer sa tête à l'exécuteur, il s'adressa à la foule de la place du Carrousel et d'un ton de voix qu'il s'efforça d'élever :

— Je meurs comme j'ai vécu, cria-t-il, fidèle à Dieu et à mon roi !

Ainsi fut guillotiné, à sept heures du soir, celui que le *Patriote français* devait appeler le *Marat du royalisme*, — horrible injure à laquelle ne s'attendait pas ce juste et ce martyr !

Quelques mots sur sa fille sont devenus indispensables au complément de cette douloureuse trilogie dont nous avons déroulé les actes en Champagne, au fond des cachots et devant le tribunal du 17 août. Élisabeth Cazotte, entraînée hors de la Conciergerie par des amis de son père, vécut longtemps dans les larmes et dans l'isolement. En 1800, elle épousa M. de Plas, qu'elle avait autrefois connu à Épernay. Mais le bonheur ne devait pas longtemps couronner de son auréole le front de cette noble femme. Un an après son mariage, elle mourut dans les douleurs de l'enfantement, laissant une mémoire bénie.

Ce récit a été publié pour la première fois, il y a dix ans, dans un journal de Paris. A cette époque, le fils de Cazotte écrivit à l'auteur une lettre qui se termine par ces mots :

« En conservant au vénérable Cazotte et à son héroïque fille leur touchant caractère, M. Monselet s'est acquis des droits à la gratitude du fils aîné de Jacques et des enfants dont sa vieillesse est entourée. *Signé :* Jacques-Scévole Cazotte, rue du Cherche-Midi, 44. »

De tels témoignages sont la meilleure récompense de l'écrivain, auquel ils apportent la confirmation d'un travail accompli avec conscience; et c'est pour lui un grand bonheur que de se voir rendre par les fils la sympathie qu'il a vouée aux pères.

LES DIAMANTS DU GARDE-MEUBLE

Les massacreurs de septembre, en exerçant leur fureur dans les prisons de Paris, avaient épargné la tourbe entraînée par la misère ou par la perversité. Les nobles et les prêtres ayant eu le terrible privilége d'assouvir leur soif sanguinaire, on avait laissé passer entre les réseaux de l'accusation un grand nombre de détenus ordinaires, considérés comme du menu fretin.

N'ayant plus le pain de la prison, et jouissant d'une liberté complète, tant la police était occupée alors à déjouer exclusivement les attentats contre-révolutionnaires, ces fils adoptifs de la potence cherchaient quelque grande occasion de signaler leur adresse et d'asseoir leur fortune. Sous le calme des verrous, plusieurs hommes d'un vrai mérite en ce genre s'étaient rencontrés et liés d'amitié. Rendus à des loisirs dangereux, ils discutèrent ensemble l'opportunité de diverses tentatives ; ce groupe de malfaiteurs comptait parmi ses fortes têtes deux meneurs inventifs et résolus : l'un Joseph Douligny, originaire de Brescia (Italie), âgé de vingt-trois ans ; l'autre Jean-Jacques Chambon, né à Saint-Germain-en-Laye, âgé de vingt-six ans, et ancien valet de la maison Rohan-Rochefort.

Un jour ces deux amis, dignes l'un de l'autre, entendirent dans un café du faubourg Saint-Honoré une conversation qui leur fit naître la pensée d'un vol gigantesque.

— Je vous le répète, moi, disait un petit vieillard à deux habitués qui méditaient avec lui chaque ligne d'une gazette, ce ministre Roland est un pauvre homme, qui cache sous des dehors d'austérité un cœur accessible aux plus sottes faiblesses ; il tolère dans sa maison de véritables scandales, et sous prétexte qu'il aime sa femme, il se croit forcé de protéger les gens dont elle s'entoure. Il n'y a pas un poste qui ne soit occupé par un des favoris de la citoyenne Roland ; jusqu'à cette place de conservateur du Garde-Meuble qui vient d'être donnée à l'un de ces mendiants !

— Oh ! oh ! quelle colère ! répondit l'un des causeurs en souriant; on voit bien que tu avais songé à demander pour toi-même cette petite position.

— Pour moi! reprit le vieillard mécontent; je n'ai jamais demandé aucune faveur, c'est pour cela que je suis indigné contre le conservateur du Garde-Meuble, un homme qui monte à cheval et qui apprend à danser; qui n'est jamais, ni jour ni nuit, occupé des devoirs de sa charge. Les trésors qui lui sont confiés peuvent devenir la proie de quelque filou entreprenant; on n'aurait qu'à escalader une fenêtre, et tout serait dit.

— Tout beau! mais les surveillants?

— Ils imitent leur chef, et vont s'enivrer aux barrières...

Chambon et Douligny avaient écouté; et la même cause avait produit chez eux le même effet; ils échangèrent un regard, et ce regard contenait à lui seul tout un projet d'une audace extrême. Ils se levèrent tranquilles comme des bourgeois qui vont porter le reste de leur sucre à leurs enfants; mais à peine furent-ils dans la rue qu'ils se frottèrent le nez. Les diplomates habiles entendent avant qu'on leur ait parlé, il en est de même des voleurs émérites : ils se dirigèrent immédiatement vers la place de la Révolution, afin de reconnaître le monument contre lequel ils méditaient une attaque.

Particulièrement réservé aux richesses inhérentes à la couronne de France, telles que joyaux du vieux temps, cadeaux des nations étrangères, présents des seigneurs du royaume, le Garde-Meuble contenait des objets d'une valeur inappréciable ; on les avait rangés dans trois salles et symétriquement enfermés dans des armoires ; le public était admis à les visiter tous les mardis. On y voyait les armures des anciens rois et paladins, notamment celles de Henri II, de Henri IV, de Louis XIII, de Louis XIV, de Philippe de Valois, de Casimir de Pologne ; et la plus admirable par le fini du travail, celle que François I*er* portait à la bataille de Pavie.

A côté de ces souvenirs presque vivants de l'ancienne splendeur royale, on remarquait, sombre et menaçant, l'espadon que le pape Paul V portait lorsqu'il fit la guerre aux Vénitiens ; cette arme, longue de cinq pieds, se montrait, orgueilleuse, à côté de deux bonnes petites épées du grand Henri. Deux canons damasquinés en argent, montés sur leur affût, représentaient la vanité du roi de Siam. — Dépôt plus précieux encore, les diamants de la couronne, contenus dans différentes caisses, étaient placés dans les armoires du Garde-Meuble. Le *Régent*, le *Sanci* et le *Hochet du Dauphin*, formaient les trois astres principaux de ce groupe d'étoiles. Des tapisseries, des chefs-d'œuvre d'art en or et en argent, disposés dans les salles, représentaient également une valeur de plusieurs millions.

Douligny et Chambon n'ignoraient pas ces détails : aussi furent-ils pris de fièvre en voyant qu'un tel vol n'était pas impossible. Les poteaux des lanternes s'élevaient assez près du mur et assez haut pour faciliter l'escalade par l'une des fenêtres; il n'y avait pas le moindre corps de garde duquel on eût à se méfier ; seulement cette équipée nécessitait le concours de quelques amis. Le premier auquel ils firent part de leur audacieux projet fut un nommé Claude-Melchior Cottet, dit le *Petit-Chasseur*, qui les exhorta à réunir l'élite de la bande, c'est-à-dire neuf de leurs camarades connus pour leur adresse et leur courage.

D'après l'interrogatoire de cet homme et d'après la déposition de plusieurs témoins au procès, il paraît démontré que le premier assaut tenté contre le Garde-Meuble, dans la nuit du 15 au 16 septembre, ne rapporta aux douze associés qu'une parfaite connaissance des lieux. Ils ne purent, vu leur petit nombre et le manque absolu de pinces et de lanternes, pénétrer par la voie qui leur avait semblé praticable; à peine leur fut-il permis de s'introduire dans un pauvre petit cabinet où ils dérobèrent des pierreries de faible valeur. La partie fut remise à la nuit suivante; mais cette fois Douligny et Chambon décidèrent qu'il fallait convoquer le ban et l'arrière-ban de leurs troupes. Afin de procéder par des ruses de haute école, quelques fausses patrouilles de gardes nationaux circulant autour du Garde-Meuble pendant que les assaillants se glisseraient vers le trésor, ne leur parurent pas d'une invention trop mesquine.

Il fut en outre convenu entre les douze coquins qu'on s'adjoindrait vingt-cinq à trente filous du second ordre, auquel on promettrait une part du butin ; mais afin de n'être pas trahis, on convint de ne les instruire que lorsqu'on serait sur le terrain. On leur ordonna de s'habiller en gardes nationaux et de se pourvoir de fusils ou de sabres. Le rendez-vous était à l'entrée des Champs-Élysées ; l'heure était celle de minuit ; chacun fut exact.

Chambon et Douligny arrivèrent sur la place, formèrent de ceux qui étaient revêtus de l'uniforme une patrouille chargée de rôder le long des colonnades pour donner à croire aux passants que la police se faisait exactement. Ils placèrent ensuite à toutes les issues des surveillants qui devaient donner l'alarme au moindre danger. Comme les deux chefs traversaient la place après avoir pris toutes leurs précautions, ils trouvèrent, près du piédestal sur lequel avait été la statue de Louis XV, un jeune homme de douze à quatorze ans, qui leur inspira de l'inquiétude. Ils l'abordèrent, l'interrogèrent, et le firent consentir à rester en sentinelle à cet endroit et à pousser des cris pour attirer vers lui les personnes qui lui paraîtraient suspectes. On lui promit une récompense, sans le mettre au fait de l'expédition.

Après toutes ces précautions, Chambon grimpe le long des colonnades, en s'aidant de a corde du réverbère; Douligny le suit, ainsi que plusieurs autres. Avec un diamant, on coupe un carreau que l'on enlève et qui donne la facilité d'ouvrir la croisée par laquelle les voleurs s'introduisent dans les appartements du Garde-Meuble. Une lanterne sourde sert à les guider vers les armoires, que l'on ouvre avec les fausses clefs et les rossignols. On s'empare des boîtes, des coffres, on se les passe de main en main; ceux qui sont au pied de la colonnade les reçoivent de ceux qui sont en haut. Tout à coup, le signal d'alerte se fait entendre. Les voleurs qui sont sur la place s'enfuient; ceux qui sont en haut se laissent glisser le long de la corde du réverbère. Douligny manque la corde, tombe lourdement sur le pavé et y reste étendu. Une véritable patrouille, qui avait aperçu la lumière que la lanterne sourde répandait dans les appartements, avait conçu des soupçons. En s'approchant, elle entend tomber quelque chose, elle court, trouve Douligny, le relève et s'assure de lui. Le commandant de la patrouille, après avoir laissé la moitié de son monde en dehors, frappe à la porte du Garde-Meuble, se fait ouvrir, et monte aux appartements avec ce qu'il a de soldats. Chambon est saisi au moment où il va s'esquiver; on le joint à son compagnon et l'on envoie chercher le commissaire.

L'officier public interroge les voleurs, qui, se trouvant pris en flagrant délit et les poches pleines, avouent avec franchise, mais ne dénoncent aucun de leurs compagnons. Au même instant, on ramasse sous la colonnade le beau vase d'or appelé *Présent de la ville de Paris*.

La fausse patrouille, à laquelle la véritable cria : *Qui vive ?* n'ayant pas le mot d'ordre, crut prudent d'y répondre par la fuite. Elle se dispersa dans les Champs-Élysées et dans les rues qui y aboutissent. Du nombre des voleurs qui avaient reçu des boîtes de diamants, deux se retirèrent dans l'allée des Veuves, firent une excavation au fond d'un fossé, y enfouirent leur larcin, le recouvrirent de terre et de feuilles, et se retirèrent tranquillement chez eux. Plusieurs autres allèrent déposer leur part chez des recéleurs. Le plus grand nombre se réunit sous le pont Louis XVI, et, après avoir posé un des leurs en sentinelle au-dessus du pont, ils s'assirent en rond. Le plus important de la bande fit déposer au centre les coffres volés; il en ouvrit un, y prit un diamant qu'il donna à son voisin de droite, en prit un autre pour le suivant, et ainsi de suite. Il avait soin d'en mettre d'abord un dans sa poche pour lui, et, après avoir fait le tour du cercle, d'en déposer un autre pour le camarade qui était en sentinelle. Lorsqu'un coffre était vidé, on passait à un autre. Il était en train de faire la distribution du dernier, lorsque la sentinelle donna le signal de sauve qui peut. Le distributeur jeta dans la Seine le reste des diamants à distribuer, et chacun s'échappa. Plusieurs répandirent, en fuyant, des brillants qui furent trouvés et ramassés le lendemain par des particuliers.

Averti des graves événements de la nuit, et comprenant quelles insinuations perfides ses ennemis en tireraient contre lui, le ministre Roland se rendit à l'Assemblée vers dix heures du matin et demanda la parole pour une communication urgente.

— Il a été commis, dit-il, cette nuit, un grand attentat. Ce n'est pas d'aujourd'hui qu'on s'en occupe. On a volé au Garde-Meuble les diamants et d'autres effets précieux. Deux personnes ont été arrêtées ; leurs réponses dénotent des gens qui ont reçu de l'éducation et qui tenaient à ce qu'on appelait autrefois des personnes au-dessus du commun. J'ai donné des ordres relativement à ce vol.

Les députés frémirent d'indignation ; la Montagne fit entendre les grondements de sa colère. Le ministre, en montrant derrière les brouillards de Coblentz l'armée royaliste attendant les trésors du Garde-Meuble pour s'habiller et se nourrir, évitait parfaitement qu'on songeât au défaut de précautions qui devait retomber sur lui. Quatre députés, Merlin, Thuriot, Laporte et Lapleigne, furent nommés pour être présents à l'information.

La nouvelle de cet attentat remua tous les quartiers de Paris : le rappel fut battu; le ministre de l'intérieur, le maire et le commandant général se réunirent et prirent des mesures pour garder les barrières; jamais on n'avait fait tant d'honneur à de simples bandits; il est vrai que jamais on n'avait vu un vol si considérable. Certaines rues étaient semées de pierreries, de saphirs, d'émeraudes, de topazes, de perles fines. Quelques citoyens honnêtes rapportèrent leurs précieuses trouvailles; mais d'autres patriotes fougueux, qui avaient horreur de tout ce qui provenait de l'ancien tyran, enfouirent leur épave dans leur paillasse ou au fond de leur commode, afin que leurs yeux ne fussent pas souillés par la vue d'un métal impur.

Un pauvre homme, passant dans le faubourg Saint-Martin pour se rendre à son travail, trouva un de ces diamants et se hâta d'aller le restituer aux employés du Garde-Meuble. Trois jeunes enfants furent admis à la barre de l'Assemblée pour y déposer des bijoux que le hasard avait pareillement mis entre leurs mains.

L'Assemblée ordonna que leurs noms seraient inscrits au procès-verbal. Des cassettes furent encore retrouvées au Gros-Caillou, rue Nationale et rue de Florentin. Mais de ces différents traits de probité, le plus éclatant est évidemment celui-ci : un commissaire monte chez la maîtresse d'un des voleurs; sur sa cheminée se trouvait un gobelet rempli d'eau-forte, dans lequel elle avait mis un objet volé, afin d'en séparer l'alliage. Informée de l'arrivée du commissaire, n'ayant plus le temps de cacher le gobelet, elle le lance par la fenêtre. Une vieille mendiante passe quelques minutes après; ses yeux collés sur le pavé rencontrent de petites étoiles qui brillent dans la boue; elle ramasse par curiosité ces étincelles inexplicables pour elle, et, à quelques centaines de pas, elle entre chez un orfévre, qui lui apprend que ce sont des diamants. Aussitôt elle se rend au comité de sa section, dépose sa trouvaille, demande un reçu et va mendier son pain.

Joseph Douligny et Chambon, pris en flagrant délit et surabondamment nantis de pièces de conviction, n'essayèrent pas, comme nous l'avons dit, de nier leur culpabilité; les premiers interrogatoires que leur firent subir les juges sous l'inspiration des immenses conjectures du ministre Roland, durent singulièrement flatter ces coquins (un d'eux, Douligny, était marqué de la lettre V, voleur); pendant quelques jours ils espérèrent pouvoir se dire martyrs d'une opinion et victimes de leur courage. Il y a lieu de croire qu'ils eussent immédiatement nommé leurs complices s'ils n'avaient tenu à prolonger l'erreur de la justice. Le jugement rendu contre eux prouve jusqu'à quel point on avait admis les idées de connivence avec les royalistes ; nous citons textuellement cet arrêt, qui fut rendu le 23 septembre, après une audience continue de quarante-cinq heures.

« Vu la déclaration du jury de jugement, portant: 1° qu'il a existé un complot formé par les ennemis de la patrie, tendant à enlever de vive force et à main armée les bijoux, diamants et autres objets de prix déposés au Garde-Meuble, pour les faire servir à l'entretien et au secours des ennemis intérieurs et extérieurs conjurés contre elle ; 2° que ce complot a été exécuté dans les journées et nuits des 15, 16 et 17 septembre, présent mois, et particulièrement dans la nuit du dimanche 16 au lundi 17, par des hommes armés qui ont escaladé le balcon du rez-de-chaussée et premier étage du Garde-Meuble, en ont forcé les croisées, enfoncé les portes des appartements et fracturé les armoires, d'où ils ont enlevé et emporté tous les diamants, pierres fines et bijoux de prix qui y étaient déposés, tandis qu'une troupe de trente à quarante hommes, armés de sabres, poignards et pistolets, faisaient de fausses patrouilles autour dudit Garde-Meuble, pour protéger et faciliter lesdits vols et enlèvements, lesquels ne se sont dispersés, ainsi que ceux introduits dans l'intérieur, que lorsqu'ils ont aperçu une force publique considérable et que deux d'entre eux étaient arrêtés; 3° que les nommés Joseph Douligny et J.-J. Chambon sont convaincus d'avoir été auteurs, fauteurs, complices, adhérents desdits complots et vols à main armée, et notamment d'avoir, dans la nuit du 16 au 17 de ce mois, sous la protection desdites fausses patrouilles, escaladé le balcon dudit Garde-Meuble, d'en avoir brisé et fracturé les croisées, portes et armoires, à l'aide de limes, marteaux, vilebrequins et autres outils, de s'être introduits dans les appartements et d'y avoir pris une grande quantité de bijoux d'or, de diamants et pierres précieuses dont ils ont été trouvés nantis au moment de l'arrestation; 4° et enfin que, méchamment et à dessein de nuire à la nation, lesdits J. Douligny et J.-J. Chambon se sont rendus coupables de tous lesdits délits, le tribunal, après avoir entendu le commissaire national, condamne lesdits Douligny et Chambon à la peine de mort; »

Sous le coup de cette sentence, leur caractère se produisit à nu : troublés, pâles, ils déclarèrent qu'ils feraient des révélations complètes, si on voulait leur accorder la vie pour récompense. Le tribunal ne sut comment répondre à cette proposition : le président leur dit que la Convention seule pouvait statuer sur leur demande.

Pendant ce temps, la police, aux aguets, était parvenue à retrouver, très-incomplètes encore, quelques traces des coupables qu'elle cherchait. Un citoyen du nom de Duplain avait déposé au comité de sa section que, le 16 septembre au soir, dans un café de la rue de Rohan, il avait entendu deux hommes se quereller au sujet d'un vol de diamants : l'un reprochait à l'autre sa pusillanimité, qui les avait privés d'une capture importante ; il se consolait néanmoins, espérant, la nuit suivante, réitérer leur prouesse de manière à n'avoir plus rien à désirer. A cette déclaration, le citoyen Duplain ajouta le signalement de l'un des deux hommes, celui qu'il avait pu le mieux voir. On mit des agents en embuscade dans la rue de Rohan, et, le quatrième jour, on y arrêta un personnage dont l'extérieur et la physionomie se rapportaient au signalement donné. Amené au comité de surveillance, cet homme déclara se nommer Badarel et être natif de Turin ; il nia les propos qu'on lui imputait, se récriant sur des doutes aussi injurieux ; mais ayant été fouillé, il fut trouvé détenteur de plusieurs pierres. Alors il avoua que le 15 septembre, deux individus, qu'il ne connaissait pas, l'avaient engagé à se rendre la nuit avec eux sur la place Louis XV, lui disant qu'il y allait de sa fortune; ils exigèrent simplement qu'il fît le guet pendant un quart d'heure. Ces messieurs étaient si honnêtes qu'il avait cru servir des amoureux et non des voleurs. Ils étaient bientôt revenus auprès de lui, et l'avaient accompagné jusque dans sa chambre, rue de la Mortellerie, près l'hôtel de Sens. Là, que s'était-il passé tandis qu'il avait été chercher des rafraîchissements, il l'ignorait; mais le lendemain, quand il fut seul chez lui, il aperçut des diamants sur la cheminée, et il fut porté à croire qu'il avait été pendant quelques heures le compagnon de deux nababs déguisés.

Cette histoire, richement brodée comme on voit, n'abusa pas un instant les juges instructeurs. Ils mirent Badarel en présence de Douligny et de Chambon; ceux-ci, désireux d'appuyer leur demande en grâce sur des faits, ne firent aucune difficulté de reconnaître Badarel.

— Mon pauvre vieux, lui dit Douligny devant le président du tribunal criminel, il n'y a plus à vouloir rester blanc comme un agneau; nous sommes pris, nous n'avons d'espoir qu'en la clémence des magistrats, et cette clémence est subordonnée à nos aveux, à notre sincérité. Tu es dans un très-mauvais cas; veux-tu obtenir ta grâce d'avance? tu n'as qu'à te rendre avec le citoyen président sous cet arbre des Champs-Élysées au pied duquel tu as enfoui cette grande cassette. Dès que tu l'auras restituée, tu seras sûr de ne plus avoir affaire à des juges, mais à de vrais amis.

Badarel essaya bien d'envoyer Douligny à tous les diables et de prouver qu'il ne le connaissait pas, mais sa résistance ne put être de longue durée. Douligny l'exhorta si bien, lui fit de telles promesses, qu'enfin ce malheureux consentit à se rendre aux Champs-Élysées avec le président.

Ce transport de justice eut des résultats considérables; les fouilles opérées d'après les indications de Badarel firent découvrir 1,200,000 francs de diamants. La procédure recommença avec plus d'acharnement; les dépositions de Douligny et de Chambon furent jugées si utiles pour éclairer les recherches et confondre les accusés, que le président du tribunal criminel se rendit en personne à la barre de la Convention et y parla en ces termes : — Je crois de mon devoir de prévenir la Convention que, depuis vendredi 21, la première section du tribunal s'est occupée sans désemparer de l'interrogatoire de deux voleurs du Garde-Meuble. Pendant quarante-huit heures ils n'ont voulu donner aucun renseignement; mais hier, lorsque la peine de mort a été prononcée contre eux, ils m'ont fait dire qu'ils avaient à faire des déclarations importantes; ils m'ont demandé ma parole d'honneur que, pour prix de ces aveux, leur grâce leur serait accordée. Je n'ai pas cru devoir prendre sur moi une pareille promesse; mais je leur ai dit que s'ils me disaient la vérité, je porterais leur demande auprès de la Convention nationale; alors le nommé Douligny m'a révélé toute la trame du complot; il a été confronté avec un de ses co-accusés non jugé; il l'a forcé de déclarer l'endroit où étaient cachés plusieurs des effets volés. Je me suis transporté aux Champs-Élysées, dans l'allée des Veuves; là le co-accusé m'a découvert les endroits où il y avait des objets très-précieux. N'est-il pas important de garder ces deux condamnés pour les confronter encore avec les autres complices ? Mais le peuple demande leurs têtes. Que la Convention rende un décret, qu'elle le rende tout de suite; le peuple la respecte, il se tiendra toujours dans la plus complète soumission aux ordres de l'assemblée. »

Ordonner la mort de Douligny et de Chambon, c'eût été tuer deux poules aux œufs d'or; chacune de leurs déclarations, ou plutôt de leurs dénonciations, produisait quelques nouvelles découvertes. La Convention décida qu'il fallait garder ces deux voleurs pour traquer les autres.

L'un des premiers complices dont ils révélèrent le nom fut le malheureux juif Louis Lyre; il n'avait pas aidé à commettre le vol, mais il avait acheté à vil prix une grande quantité de bijoux. Ce malheureux parlait un français mêlé d'italien qui fit beaucoup rire les juges. Ayant intégralement payé ses petites acquisitions, disait-il, il ne comprenait pas qu'on lui réclamât encore quelque chose. Après s'être égayé de son galimatias, le tribunal le condamna à la peine de mort. On le conduisit au supplice le 13 octobre, à dix heures. Ne concevant pas qu'une spéculation heureuse fût considérée comme un crime, il marcha à la mort avec le courage que donne la paix de la conscience. Monté dans la voiture, seul avec l'exécuteur, il criait d'une voix très-haute et très-libre : — Fife la nazion ! Il voulut parler au peuple ; la cavalerie essaya de s'y opposer, mais alors la canaille qui accompagnait les victimes à l'échafaud était souveraine ; elle accorda la parole au juif.

— Messious, dit-il, ze mours innozent, ze ne zouis point volour, ze pardonne à la loi et à mes zouzes.

Mais vu qu'il se faisait tard, le bourreau le pria de se hâter.

En mesurant leurs dénonciations, et en ne les faisant que peu à peu, Douligny et Chambon espérèrent échapper à la mort, protégés qu'ils étaient maintenant par la Convention. Conformément à ces calculs, ils jetèrent quelques jours après une nouvelle proie à la justice. Ce fut cette fois leur ami Claude-Melchior Cottet, dit *le*

Petit-Chasseur. Arrêté et conduit à la Conciergerie, ce dernier fut convaincu d'avoir été le sergent recruteur des fausses patrouilles. Dans la nuit du 15 au 16 septembre, il s'était rendu en costume de garde national chez le nommé Retour, chez Gallois, dit *Matelot*, et chez Meyran; il leur avait remis des pistolets destinés à protéger l'entreprise. On lui prouva, en outre, qu'il avait vendu pour 30,000 livres de perles fines. Un témoin, un nommé Joseph Picard, lequel ne tarda pas à changer son rôle de témoin contre celui d'accusé, vint déposer qu'étant encore au lit, un matin, le personnage connu sous le nom de *Petit-Chasseur* s'était rendu chez lui, afin d'acheter une paire de bottes. Le marché conclu avec la femme Picard, l'acheteur l'avait engagée à aller chercher du vin et à lui rapporter en même temps pour six sous d'eau-forte. Cette commission faite, Picard avait vu *le Petit-Chasseur* glisser quelque chose dans cette eau-forte; mais les commissaires venant au même instant pour l'arrêter, il jeta le tout dans la rue. Alors il fut facile de reconnaître que c'étaient des diamants.

Écrasé par les preuves et par les dépositions, Melchior Cottet fut condamné à la peine de mort. Voyant par quels moyens Douligny et Chambon avaient obtenu un sursis illimité, il imagina d'avoir recours aux mêmes ruses, et, en effet, il livra le nom de quelques com-

plices. Mais on reconnut bientôt qu'il n'avait qu'un but : retarder le jour de son exécution. On refusa de prêter davantage l'oreille à ses déclarations interminables. Arrivé au lieu du supplice, il gagna encore deux heures par une dernière supercherie. Il demanda à se rendre au Garde-Meuble avec un magistrat, disant qu'il y allait de la fortune de la nation. Monté dans les salles, il y resta plus d'une heure et demie à parler de complots imaginaires dont il connaissait, disait-il, tous les secrets. Mais à la fin la foule impatientée refusa d'attendre plus longtemps le spectacle qui avait été promis à sa curiosité sanguinaire. En descendant du Garde-Meuble, *le Petit-Chasseur* eut beau crier :
— Citoyens, je ne suis pas coupable; intercédez pour moi, intercédez pour moi! — Nul ne fut accessible à la pitié, et la loi reçut son application.

Grâce aux renseignements fournis par Douligny et Chambon, on arrêta successivement leurs principaux complices, qui furent condamnés à la peine capitale. Des femmes et même un enfant, Alexandre, dit *le Petit Cardinal,* se virent impliqués dans cette affaire, qui prit peu à peu une telle dimension, que le député Thuriot, l'un des membres de la commission de surveillance, proposa à la Convention d'autoriser le déplacement du chef du jury, afin que ce dernier allât dans les endroits de la France qu'il croirait nécessaires, décernât des mandats d'amener, et fît des visites domiciliaires. Cette proposition fut rejetée, parce qu'elle n'assurait pas au procès une marche assez rapide.

S'il faut en croire les révélations de Sergent, consignées dans une lettre datée de Nice en Piémont, du 5 juin 1834, et adressée à la *Revue rétrospective,* ce serait à lui qu'on devrait la découverte des principaux diamants de la couronne. Il raconte que pendant les débats du tribunal criminel, alors qu'il était administrateur de la police, une mulâtresse, habituée de la tribune publique des Jacobins, vint le trouver dans son cabinet. — Que direz-vous, si je vous fais trouver les diamants? Je le puis, en amenant un homme qui a une révélation à vous faire. Je voulais le conduire au comité des recherches de l'assemblée législative, mais il ne veut faire qu'à vous sa déposition; car il vous a, dit-il, une grande obligation, et c'est par reconnaissance qu'il veut que ce soit à vous que la patrie doive d'être rentrée dans la possession de ces richesses. — Amenez-le promptement.

Une heure après, on introduisit dans un des salons du maire, où Sergent se trouvait seul, un quidam vêtu proprement en garde national; il était conduit par la mulâtresse. — Voilà celui dont je vous ai parlé, dit-elle, et elle s'éloigna. — Monsieur l'administrateur, dit cet homme d'une voix basse, je puis vous faire reprendre tous les diamants de la couronne; mais il me faut votre parole que vous ne me perdrez pas. — Quoi! lorsque vous allez rendre un service aussi important, que devez-vous craindre? ne méritez-vous pas au contraire une récompense? — Je ne puis en avoir d'autre que celle de ma vie. Dans cette affaire, mon nom ne peut être prononcé sans risquer de la perdre. — Parlez, dit Sergent surpris, je vous promets toute ma discrétion. — Vous ne me reconnaissez pas, monsieur? — Non, je ne vous ai pas vu, je crois, avant cet entretien. — Ah! monsieur l'administrateur, donnez-moi votre parole de magistrat que vous ne me livrerez point! — Quel mystère! Révélez, si vous savez quelque chose de ce vol; seriez-vous complice? Je vous sauverai... — Non, monsieur, reprit cet homme, je suis ***, le prisonnier que vous avez visité à la Conciergerie vers la fin du mois d'août, et que vous avez eu la bonté de faire raser sur sa demande; vous savez que j'étais condamné à mort pour fabrication de faux assignats, et que j'attendais alors, quoique sans espoir, l'issue de mon pourvoi en cassation. Les juges populaires de septembre m'ont mis en liberté, mais le tribunal peut me faire reprendre. — Eh bien, soyez tranquille, dit Sergent; voyons, que savez-vous des diamants?

Le quidam entra dans les détails les plus étendus. Une nuit qu'il feignait de dormir, il avait entendu auprès de lui des gens s'entretenir en argot du vol fameux. Il ignorait leurs noms, mais il avait appris que les diamants étaient cachés dans deux mortaises d'une grosse poutre de la charpente du grenier d'une maison de la rue de... — Envoyez-y promptement, ajouta-t-il ; ils ne doivent pas être encore enlevés ; mais, je vous supplie, ne parlez pas de moi dans vos bureaux.

Le récit contenu dans la lettre de Sergent est plein de trouble et de confusion, surtout à l'endroit des dates ; nous avons dû souvent l'élucider. A cette époque de 1834, Sergent, très-avancé en âge, ne commandait plus à sa mémoire ; et d'ailleurs il n'était préoccupé, comme Barère, que du soin de sa réhabilitation. Cependant sa version coïncide tout à fait avec le rapport de Vouland, consigné dans *le Moniteur* du 11 décembre : — Votre comité de sûreté générale, dit Vouland, ne cesse de faire des recherches sur les auteurs et complices du vol du Garde-Meuble ; il a découvert hier le plus précieux des effets volés : c'est le diamant connu sous le nom de *Pitt* ou *Régent,* qui, dans le dernier inventaire de 1791, fut apprécié douze millions. Pour le cacher, on avait pratiqué, dans une pièce de charpente d'un grenier, un trou d'un pouce et demi de diamètre. Le voleur et le recéleur sont arrêtés; le diamant, porté au comité de sûreté générale, doit servir de pièce de conviction contre les voleurs. Je vous propose, au nom du comité, de décréter que ce diamant sera transporté à la trésorerie nationale, et que les commissaires de cet établissement seront tenus de le venir recevoir séance tenante. » Ces propositions furent décrétées. Quant à l'homme dont parle Sergent, il fut seulement présenté à Pétion, qui le fit partir pour l'armée, où, sur la recommandation du ministre de la guerre, il entra avec un grade dans un régiment de la ligne. Que devint-il? Nous l'ignorons. Seulement, plus tard, dans un compte rendu du tribunal en date du 26 mars 1795, ayant trait à un procès de faux assignats, on trouve parmi les accusés un nommé Durand, désigné comme étant celui aux indications duquel on doit la découverte du *Régent*. Est-ce l'homme de Sergent? On peut le supposer.

Le sort de ce *Régent* fut assez singulier : au mois d'avril 1796, on l'envoya en Prusse pour servir de cautionnement à un prêt de cinq millions. Retiré ensuite des mains des banquiers, il orna la garde de l'épée consulaire de Bonaparte.

Mais retournons à la procédure du tribunal criminel. Le ministre de l'intérieur s'occupa, lui aussi, avec une grande énergie, de ce prétendu complot; il dut bientôt s'apercevoir que l'esprit politique y était complétement étranger, car il devenait de plus en plus évident que les acteurs de ce drame nocturne étaient presque tous des malfaiteurs d'antécédents connus, et qu'ils avaient immédiatement cherché à réaliser à leur profit leur part du vol. Le ministre recevait lui-même les citoyens qui avaient des communications à lui faire à ce sujet. Un joaillier du nom de Gervais vint lui apprendre qu'un homme d'allure suspecte lui avait offert de lui vendre une bonne partie de diamants. On comprend avec quel empressement M. Roland pria Gervais de ne pas effaroucher ce mystérieux client ; une somme de 15,000 livres, prise sur les fonds secrets, fut remise au joaillier, afin qu'il alléchât par quelques avances le vendeur. Les prévisions se réalisèrent. Moyennant quelques centaines de louis, le voleur apporta pour plus de 200,000 livres de joyaux. Le marchand se montra de plus en plus satisfait, jusqu'à l'heure où il n'eut plus rien à attendre de ce superbe filou ; alors la comédie fut terminée et notre homme mis entre les mains de la justice. Grâce à l'habileté avec laquelle M. Roland avait dirigé cette opération par l'intermédiaire de Gervais, cette seule capture valut au trésor un remboursement qu'on évalua à 500,000 livres.

Le jour que l'on vint dissoudre le tribunal du 17 août, c'est-à-dire le 29 novembre 1792, il s'occupait encore de juger un voleur du Garde-Meuble. On ne permit pas d'achever l'instruction. Le président fit venir les deux principaux coupables, Chambon et Douligny, et il leur annonça que le tribunal cessant ses fonctions, il était à craindre pour eux que le sursis qu'ils avaient obtenu ne fût plus d'aucune force. Il leur conseilla de se pourvoir en cassation ou de s'adresser à la Convention nationale. Singulière preuve de la vérité de cet axiome : *Qui a terme ne doit rien!* Joseph Douligny et Jean-Jacques Chambon, traduits devant de nouveaux juges, en furent quittes pour quelques années de fers. Encore a-t-on prétendu que, dans un des mouvements de la Révolution, ces misérables trouvèrent le moyen de s'échapper des prisons.

Quelques jours avant la dissolution du tribunal du 17 août, Thomas Payne, comparant Louis XVI à Chambon et à Douligny, s'était exprimé de la sorte au sein de la Convention : « Il s'est formé entre les brigands couronnés de l'Europe une conspiration qui menace non-seulement la liberté française, mais encore celle de toutes les nations : tout porte à croire que Louis XVI fait partie de cette conspiration ; vous avez cet homme en votre pouvoir, et c'est jusqu'à présent le *seul de sa bande* dont on se soit assuré. *Je considère Louis XVI sous le même point de vue que les deux premiers voleurs arrêtés dans l'affaire du Garde-Meuble :*

leur procès vous a fait découvrir la troupe à laquelle ils appartenaient. »

Pendant longtemps on s'obstina encore à voir dans le vol des diamants un complot politique, à en juger par la teneur d'une sentence du tribunal révolutionnaire, prononcée le 12 prairial an II, qui condamne à mort le sieur Duvivier, âgé de soixante ans, ancien commis au bureau de l'extraordinaire, « pour avoir aidé ou facilité le vol fait, en 1792, au Garde-Meuble, afin de fournir des secours aux ennemis de la France [1]. » Ce ne fut guère qu'en l'an V qu'on revint un peu de cette prévention. Par décision du conseil des Anciens, prise dans la séance du 29 pluviôse, 6,000 livres d'indemnité furent accordées à la citoyenne Corbin, première dénonciatrice des voleurs du Garde-Meuble. Il y a tout lieu de supposer que cette femme Corbin est la mulâtresse dont il est question dans le récit de Sergent. « Les recherches de la commission, ajoute *le Moniteur*, ont mis à même de juger que, quoi qu'en ait dit autrefois le ministre Roland, le vol du Garde-Meuble n'était lié à aucune combinaison politique, et qu'il fut le résultat des méditations criminelles des scé-

---

[1] Cette procédure s'éternisa pendant tout le cours de la Révolution. La veille du jour où l'on arrêta Babeuf, on avait condamné aux fers quatre voleurs du Garde-Meuble.

lérats à qui le 2 septembre rendit la liberté. » C'est ce que nous avons posé en commençant.

Quoi qu'il en soit, à cette date, l'affaire de ce vol homérique était loin d'être terminée. Même aujourd'hui elle ne l'est pas encore. La soustraction des diamants a été évaluée à TRENTE-SIX MILLIONS. En 1814, il en fut restitué pour cinq millions ; l'histoire de cette restitution est même des plus intéressantes. Il y avait autrefois au Garde-Meuble un employé subalterne du nom de Charlot, qui était chargé de nettoyer les bijoux. Après le vol de la nuit du 16 septembre, un de ses amis, un sans-culotte, vint lui remettre une boîte, en le priant de la garder jusqu'à ce qu'il vînt la reprendre lui-même. Peu de temps après, Charlot fut renvoyé, ainsi que toutes les personnes qui faisaient partie de l'administration du Garde-Meuble sous l'ancienne cour. Il emporta le dépôt du sans-culotte, qui ne reparut plus. Lassé de l'attendre et finissant par concevoir des soupçons, il força un jour la serrure du petit coffre. Un flot de lumière lui sauta aux yeux, et il reconnut plusieurs diamants de la couronne. L'embarras de ce pauvre diable fut aussi grand qu'on peut le concevoir ; les rapporter, n'était-ce pas s'exposer à être pris lui-même pour le voleur, ou tout au moins n'était-ce pas risquer plusieurs mois, plusieurs années de prison préventive ? Dans cette conjoncture, il ne décida rien, ou plutôt il décida qu'il attendrait les événements; il cacha les diamants et les garda.

Charlot se retira à Abbeville, sa ville natale; ses moyens d'existence étaient si bornés, que madame Cordonnier, sa sœur, marchande orfévre près le marché au blé, lui donna asile; mais le déréglement de Charlot et son penchant à l'ivrognerie obligèrent sa sœur à le renvoyer. Il alla alors occuper une très-petite chambre dans un grenier, où il vécut, pour ainsi dire, des secours que lui accordaient plusieurs personnes de sa connaissance. Parmi celles qui l'obligeaient le plus fréquemment était un M. Delattre-Dumontville, qui, quoique fort peu aisé lui-même, lui prêtait souvent de petites sommes. Charlot se trouvait donc dans le plus complet dénûment, bien qu'il fût riche comme pas un négociant d'Abbeville; et il souffrait les horreurs de la faim et du froid à côté d'une cassette renfermant cinq millions de diamants. Il est vrai que ces diamants, Charlot ne pouvait en trafiquer sans s'exposer à être reconnu comme un des voleurs du Garde-Meuble.

La profonde misère de ce millionnaire s'accrut au point qu'il en tomba mortellement malade. Sentant sa fin très-prochaine, il dit un jour à Dumontville, qui n'avait pas cessé de lui témoigner beaucoup d'intérêt :

— Ouvre le tiroir de cette table; il y a dedans une petite boîte qui me fut confiée il y a bien longtemps;

prends-la, et si je meurs, fais-en l'usage que tu voudras. Dumontville s'en alla avec la boîte qui était fermée par un papier cacheté ; le lendemain, lorsqu'il voulut monter au grenier de Charlot pour savoir de ses nouvelles, on lui apprit qu'il venait d'expirer. Rien n'empêchait plus Dumontville de briser le papier cacheté : il fut ébloui, aveuglé. Mais, aussi embarrassé que Charlot, il n'osa pendant longtemps parler à personne de son trésor ; son seul plaisir était, dans un beau jour, après avoir verrouillé sa porte, de prendre les diamants dans sa main et de les mouvoir au soleil pour jouir de leur éclat. Il finit cependant, après bien des hésitations et des réticences, par s'ouvrir à un de ses parents, M. Delattre, ancien membre de l'Assemblée législative, et qui avait été chargé autrefois de faire le recensement des objets volés au Garde-Meuble ; il apprit de lui que les susdits diamants étaient la propriété de l'État. Effrayé de cette découverte, Dumontville jugea opportun de garder le silence, comme avait fait autrefois Charlot.

Ce ne fut que lors de la Restauration qu'il se hasarda à solliciter une audience de M. le comte de Blacas, ministre de Louis XVIII, et à lui remettre la précieuse cassette. M. le comte de Blacas exalta vivement sa loyauté, sa fidélité, et le patriotisme pur qui l'avait guidé à conserver intact ce trésor national pour ne le déposer qu'entre les mains de ses légitimes possesseurs. Quelques mois après cette entrevue, Dumontville (il n'était alors qu'un modeste employé des droits réunis) reçut le titre de chevalier de la Légion d'honneur et le brevet d'une pension de 6,000 francs.

Cette aventure, qui est racontée longuement par l'abbé de Montgaillard, représente, jusqu'à présent du moins, le dernier chapitre de cette procédure romanesque des diamants de la couronne. Je dis *jusqu'à présent,* car de nos jours plusieurs gens se bercent encore (le croirait-on?) de l'espoir de retrouver quelques-uns de ces cailloux miraculeux; bien des plongeons ont été faits dans la Seine sous le pont Louis XVI, à l'endroit où l'on assure que les voleurs ont jeté une partie de leur brillant butin; bien des poutres ont été dérangées dans les greniers des faubourgs. Mais ne peut-on pas comparer ces obstinés chercheurs d'or à ces pauvres croyants sans cesse préoccupés des millions de Nicolas Flamel, enterrés on ne sait où, ou bien encore à ces maniaques qui décousent les vieux fauteuils pour découvrir les trésors des émigrés?

FIN.

TABLE DES MATIERES

	Pages
LE POULET. Chapitre Ier. — La Toilette.	1
II. — L'Opéra.	12
III. — La Petite maison.	18
IV. — Le Dessert.	23
V. — Le Drame.	28
VI. — La Chambre à coucher.	33
VII. — Le Dénoûment.	42
LES PETITS JEUX. — Lettre du vieux chevalier de Pinparé, tombé en enfance, à sa petite nièce Antoinette.	45
LES PASSE-TEMPS DE M. LA POPELINIÈRE.	55
BIBLIOTHÈQUE GALANTE.	79
Chap. Ier. — L'Enfantement de Jupiter, ou la Fille sans mère.	82
II. — Mémoires turcs.	88
III. — Grigri.	91
IV. — Thémidor.	93
V. — Mémoires de M. de Volari, ou l'amour volage et puni.	99
VI. — Le Noviciat du marquis de***, ou l'apprenti devenu maître	101
VII. — Le Grelot, ou les etc., etc., etc.	102
VIII. — Confession générale du chevalier de Wilfort	103
IX. — Le Roman du jour.	108
X. — Bibliothèque des petits-maîtres.	110
XI. — Tant-pis pour lui, ou les spectacles nocturnes.	118

	Page
CHAP. XII. — Les Erreurs instructives, ou mémoires du comte de***	120
XIII. — Le Zinzolin.	129
XIV. — Cléon	131
XV. — Le Souper des petits-maîtres.	134
XVI. — Les Faiblesses d'une jolie femme, ou mémoires de Mme de Vilfranc.	137
XVII. — Les Confidences réciproques, ou anecdotes de Mme de B***	138
XVIII. — Les Sonnettes, ou mémoires de M. le marquis D***.	139
XIX. — Félicia, ou mes fredaines.	141
XX. — L'Étourdi.	150
XXI. — Ma jeunesse.	151
XXII. — Monrose, où le libertin par fatalité.	153
XXIII. — Les Almanachs galants	155
XXIV. — L'Odalisque	158
XXV. — Éléonore, ou l'heureuse personne	160
XXVI. — Les Aphrodites	161
XXVII. — Le Doctorat impromptu	165
XXVIII. — La Galerie des femmes	167
XXIX. — Les Quatre métamorphoses	170
DESFORGES.	185
CAZOTTE. CHAPITRE Ier. — La rose de Fragonard	233
II. — Une maison en Champagne.	245
III. — Le Tribunal du peuple.	252
IV. — Dernier martyre...	261
LES DIAMANTS DU GARDE-MEUBLE	279

D. THIÉRY ET Cie. — IMPRIMERIE DE LAGNY

www.ingramcontent.com/pod-product-compliance
Lightning Source LLC
Chambersburg PA
CBHW071508160426
43196CB00010B/1455